齐鲁古代体育文物

调查研究

QILU GUDAI TIYU WENWU

DIAOCHA YANJIU

张红霞 著

上海三联书店

2016 年国家社科规划一般项目结项成果

（立项编号：16BTY092，结项证书编号：20213966）

前　言

　　中国文化历来讲究器以载道，物以承文。文物是不可再生的历史文化资源，体育文物是人类创造的体育物质文化和精神文化的物化遗存，是物质文化遗产的重要组成部分，承载着珍贵的体育历史和文化信息。齐鲁文化是秦汉以来中国大一统文化的主要源头，求革新、尚功利的齐文化是中国早期体育娱乐活动发展的基本躯干；重仁义、尚伦理的鲁文化是中国早期体育娱乐发展的肌肉和精神，彰显着中华民族传统体育思想的光辉，是我国古代体育产生的重要源泉，在历史进程中遗留了大量的弥足珍贵的历史遗迹和文化遗物。本书首开齐鲁古代体育文物研究之先河，旨在还原古人生动有趣的身体活动内容和场景，实现使体育文物"活"起来，对丰富与创新我国区域体育文物的理论与实践研究具有重要意义。

　　体育是一种包括多种项目与活动形式的文化现象，体育文物展现的齐鲁文化，是人们集体智慧的结晶和社会生活的真实写照。本书在梳理文物与体育文物相关概念与研究现状的基础上，提出齐鲁古代体育文物的概念要从时、空、物三方面去考量的重要观点，将其概念界定为：齐鲁古代体育文物是指春秋战国至清末时期在齐、鲁两国地域出土或现陈列于各地博物馆、考古研究所、文史馆和民间收藏的体育文化遗存和遗迹。运用综合分类和属性分类两种方法，从两个层面对齐鲁古代体育文物进行进行分类和统计。统计出齐鲁古代体育文物总计 479 幅，其中石刻类 332 幅、壁画类 46 幅、陶器类 34 幅、其他类 67 幅，涵盖射箭与射弩项目 91 幅，武术、武艺与技巧项目 162 幅，球戏项目 26 幅，御术与马术项目 56 幅，民俗娱乐休闲项目 106 幅。运用综合分类法旨在更加精准地解读齐鲁古代体育的文化内涵与特质，运用属性分类法目的在于按项目类别进行图录编制，旨在让世人领悟丰富多样的齐鲁古代体育，两种方法相结合，可提高研究的科学性和可靠性，为下一步研究打下坚实基础。

　　齐鲁文化对我国古代体育的产生有着重要的影响，全面调查和分析齐鲁区域体育文物中的体育文化内涵，感悟古代人们的身体活动表现形式及其社会价值，以期对当代人们有所激励和感召。本书共有九章，可以分为四部分来理解：第一部分为一、二章节，包含导论和对齐鲁古代体育文物概念界定与分类；第二部分为三至六章节，运用综合分类法对齐鲁古代体育文物按石刻类、壁画类、陶器类、其他类等进行分类研究与阐释；第三部分为第七章节，运用属性分类法对齐鲁古代体育文物记载项目进行分类图录；第四部分为八、九章节，在概括提炼齐鲁古代体育文物的特点、价值与作用的基础上，对其保护对策进行了探讨。

　　本书着眼于齐鲁体育文物资料信息的广、全、准，主要借助大量的图片与相关典籍资料进行阐述，材料翔实，论证细密，整本书的阐述在体育文物的研究领域具有一定的开拓性，能够为广大学者与爱好者提供一定的资料考证。通过阅读本书，希望能够让读者在体育文史领域得到一定的提升，更加热爱博大精深的传统文化，更好地把它发扬光大。

　　本书的写作汇集了作者辛勤的研究成果，值此脱稿付梓之际，笔者深感欣慰的同时，对给予调研和提供资料的学界同仁深表感谢！本书虽然在理论性和综合性方面下了很大的功夫，但由于笔者知识水平以及文字表达能力的限制，在专业性与可操作性上还存在着较多不足，对此，希望各位专家学者和广大的读者能够予以谅解，并提出宝贵意见，笔者当尽力完善。

张红霞

2021 年 9 月

目　录

第一章 / 导论

　　文物是人类在历史发展过程中遗留下来的遗物、遗迹，凝固了历史变迁，折射了人类进步的历程，承载了世界各国和各民族精神文明发展的墨迹，反映了各种优秀文化的相互影响与融合，是历史上物质文化和精神文化的遗存，是重要的文化遗产。[①] 文物是我国有别于其他国家对文化遗存的独特称谓。在世界上其他国家或组织，对文化遗存的称谓一般不叫文物，如日本叫"文化财"，联合国教科文组织叫"文化遗产"或"文化财产"。

第一节　文物的定义与分类

　　在我国，将"文物"二字联系在一起使用，始见于《左传》。《左传·桓公二年》记载："夫德，俭而有度，登降有数，文物以纪之，声明以发之；以临照百官，百官于是乎戒惧，而不敢易纪律。"之后，《后汉书·南匈奴传》有："制衣裳，备文物。"以上所说的"文、物"原是指当时的礼乐典章制度，与现代所指文物的含义不同。到唐代，骆宾王诗："文物俄迁谢，英灵有盛衰"，杜牧

[①]　文物（历史文化遗产）https://baike.baidu.com/item/%E6%96%87%E7%89%A9/33145?fr=aladdin.

诗："六朝文物草连天，天淡云闲今古同"。这里的"文物"所指为前代遗物，已接近于现代所指文物的含义。北宋中叶（11 世纪），以青铜器、石刻为主要研究对象的金石学兴起，以后又逐渐扩大到研究其他各种古代器物，把这些器物统称之为"古器物"或"古物"。在明代和清初比较普遍使用的称谓是"古董"或"骨董"。到清乾隆年间（18 世纪）又开始使用"同玩"一词。唐宋明清各代虽对文物的称谓各有不同，但含义基本相同。很多场合，古董、骨董和古玩，是指书画、碑帖以外的古器物。①

我国《现代汉语词典》中，称文物是："历史遗留下来的在文化发展史上有价值的东西，如建筑、碑刻、工具、武器、生活器皿和各种艺术品。"《辞海》中对文物的解释是："遗存在社会上或埋藏在地下的人类文化遗物"，一般包括：

（1）与重大历史事件、革命运动和重要人物有关的、具有纪念意义和历史价值的建筑物、遗址、纪念物等；

（2）具有历史、艺术、科学价值的古文化遗址、古墓群、古建筑、石窟寺、石刻等；

（3）各时代有价值的艺术品、工艺美术品；

（4）革命文献资料以及具有历史、艺术和科学价值的古旧图书资料；

（5）反映各时代社会制度、社会生产、社会生活的代表性实物。

一、文物的定义

世界各个国家对文物的称谓并不一致，其所指含义和范围也不尽相同，因而迄今尚未形成一个对文物统一且公认的定义，但对文物界定所具备的两个基本特征已达成共识，即：其一，必须是由人类创造的或是与人类活动相关的；其二，必须是已经成为历史的过去且不可能重新创造的。② 当代中国根据文物的特征，结合中国保存文物的具体情况，把"文物"一词作为人类社会历史发展进程中遗留下来的、由人类创造或者与人类活动有关的一切有价值的物质遗存的总称。凡具备历史价值、科学价值、艺术价值、纪念价值的文化遗迹、遗物均属文物。这些不可再造的弥足珍贵的文物，是全人类的共同财富，具有以下特征：

①② 吴诗池.文物学概论 [M].上海：上海文艺出版社.2008:24.

第一，文物一般具有历史、艺术、科学三个方面的价值。

第二，文物应是重要的、有代表性的实物。

第三，国家保护的文物具有广泛性，应是反映历代社会制度、社会生产、社会生活、文化艺术、科学技术等方面的有代表性的实物。[1]

二、文物的分类

文物分类是文物研究的基本方法之一，对于文物的保护与保存具有重要意义。对文物进行分类首先要遵循同一标准，这是文物分类的重要原则之一。其次，一种分类法只能依照一个标准。再次，对复合体文物进行分类一般以约定俗成为原则。迄至目前，我国已采用的文物分类方法主要有时代分类法、区域分类法、存在形态分类法、质地分类法、功用分类法、属性（性质）分类法、来源分类法、综合分类等方法（见图1-1）。[2]

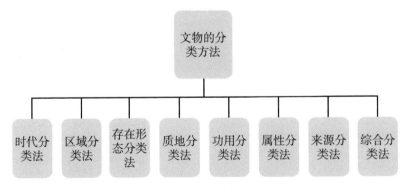

图1-1 文物分类方法图示

（一）时代分类法

时代分类法是以文物制作的时代为标准，对文物进行分类的方法。按时代分类，可分历史时期的文物和历史时期之前的文物即史前文物（见图1-2）。任何文物都产生于一定的时代(年代)，没有时代的文物是不存在的。在按时代分类时，要注意我国在时代划分方面的情况，如历史时期的文物，在古代一般按朝代划分，

---

① 林春，郑智刚.体育文物与考古学 [M].兰州：甘肃教育出版社.2016:24.

② 吴诗池.文物学概论 [M].上海：上海文艺出版社.2008:30-32.

不是按纪年划分，当然在研究某一件文物时，要尽可能了解它的绝对年代，但在分类中，一般只考虑它的相对年代。因此，古代文物，一般分为夏代文物、商代文物、周代文物、秦代文物、汉代文物、魏晋南北朝文物、隋代文物、唐代文物、五代十国文物、宋代文物、辽代文物、金代文物、元代文物、明代文物、清代文物。其中周、汉、魏晋南北朝、宋等时期的文物，还可以按历史朝代详细划分。在历史时期之前的文物，即史前文物，一般分为旧石器时代文物和新石器时代文物。如果再细分，各时代文物还可再划分出早、中、晚期，从研究角度来说，这也是有利的。古代以后的文物，一般统称为近代现代文物。

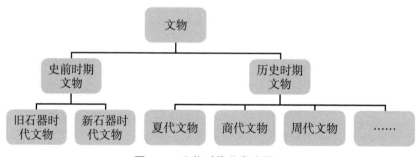

图 1-2　文物时代分类法图示

（二）区域分类法

区域分类法，是以文物所在地点为标准，对文物进行分类的方法。目前通行的是以行政区划为范围的区域分类法。从全国来讲，分为 34 个省、自治区、直辖市、特别行政区，其下面再划分市、县级行政区划。以此来对文物归类，只要是该省、自治区、直辖市、特别行政区范围内的文物史迹和馆藏文物及流散文物，都应分别归入各省、自治区、直辖市、特别行政区。（见图 1-3）

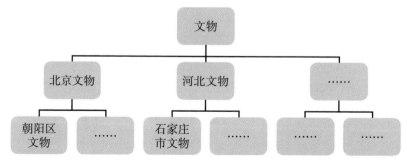

图 1-3　文物区域分类法图示

（三）存在形态分类法

历史上遗留至今的文物，都以一定的形态存在于某个地方。这里所谓的存在形态，是指文物的体态的动与静、直观的存在与隐蔽的存在、存在于收藏处所与存散于社会等，据此可以把文物划分为不可移动文物和可移动文物（见图1-4）。

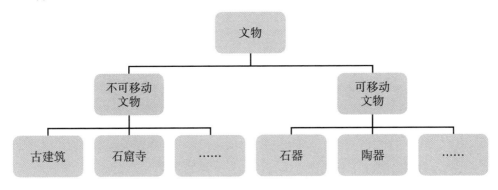

图1-4 文物形态分类法图示

（四）质地分类法

质地分类法，是以制作文物的材料为标准，对文物进行分类的方法。质地分类法主要用于对古器物的归类。当今我国博物馆文物藏品，大都按质地分类（见图1-5）。

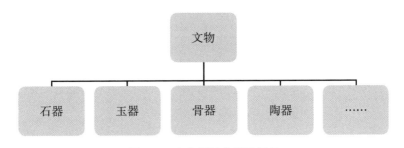

图1-5 文物质地分类法图示

（五）功用分类法

功用分类法，是以文物的功用为标准，对文物进行归类的方法。文物作为社会生产和社会生活的历史遗存，在制作时是为了达到一定的目的，都有各自的用途。正由于此，在对文物分类时，通过对其功用的研究，可以把功用相同或基本相同的文物聚为一类，形成不同的类别（见图1-6）。

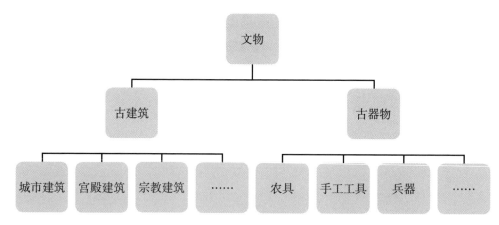

图1-6 文物功用分类法图示

（六）属性（性质）分类法

属性分类法，是以文物的社会属性以及科学文化属性为标准，对文物进行分类的方法。也可以说，它是以文物的性质为标准的分类方法。在运用属性分类法时，必须首先研究文物的用途及深层含义，只有这样，才能够比较准确地确认它的性质（见图1-7）。

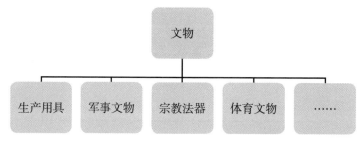

图1-7 文物属性（性质）分类法图示

（七）来源分类法

来源分类法，是以文物藏品来源为标准，对文物进行分类的方法。此法仅适用于博物馆、纪念馆或文物保管机构等文物收藏单位文物藏品的分类。这些单位的文物藏品，都应有来源，来源可以不同，但没有来源的藏品是没有的，这是来源分类法的依据（见图1-8）。

图 1-8 文物来源分类法图示

（八）综合分类法

该分类方法是指以两种以上标准对文物进行分类，如以文物的性质和用途进行分类，把文物分为了遗址类、墓葬类、陶瓷类、绘画类、石刻类等等，按照两种标准又可进一步分类，如陶瓷类文物根据质地标准又可分为陶器、瓷器、三彩器等；绘画类文物依载体可分为陶画、石画、壁画、帛画、绢画等；石刻类可分为碑、墓志、画像石、石造像等（见图 1-9）。

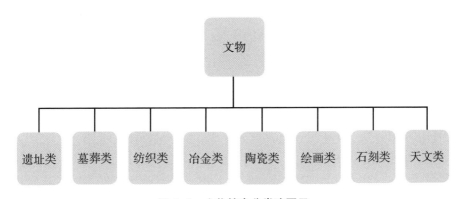

图 1-9 文物综合分类法图示

第二节　体育文物的概念与分类

中国文化历史历来讲究器以载道，物以承文。古代文物分两部分，其一是文物史迹，即古文化遗址、古墓葬、古建筑、石窟寺、石刻等；其二是文化遗物，包括内容很广，主要是各种古器物、古书画和古文献。就古器物而言，包括石器、玉器、陶器、骨角牙器、铜器、铁器、金器、银器、铅锌器、瓷器、漆器、竹木器、纺织品、工艺品等等，而每一类器物中，又包括若干种器物。这些文化遗物，反映着社会发展、社会生产、社会生活、社会文化等各方面的情况，是科学研究的重要实物资料，是博物馆等文物收藏机构的主要收藏品。

一、体育文物的概念

谈及体育，多数人心目中浮现的往往是体育健儿们在赛场上奋勇争先的场景，但这仅仅是现代媒体向人们灌输的印象。实际上，在中国古人的生活场景中，同样有着类同现代体育功能的身体运动形式，这就是中国古代体育，其所表现的每一种活动形式或项目在历史的长河中会以体育遗物或遗迹的形式得以留存。体育文物是指遗存在社会上或埋藏在地下的具有历史、艺术、科学价值的，与人类体育活动有关的文物遗迹和文化遗物，这些文物遗迹和文化遗物，反映了人类社会体育文化发生、发展和演变等多方面的情况，是体育科学研究的重要实物资料。[①]因此，体育文物的研究涉及多层次、多方面，也就是说，作为研究对象，它可以是某一体育运动形式方面的遗存，但同时又是在不同的区域、不同的年代中存在的，其研究具有独特性。

体育文物的特征主要体现在两方面：其一，必须是由人类创造的，并且是与人类体育活动有关的；其二，必须是已经成为历史的过去，不可能再重新创造的。

二、体育文物分类

古代体育文物一般是指从人类文明出现到 1840 年之前这一时期内与人类体育发展有关的文物，崔乐泉先生的研究（2016 年）指出：从实际操作和科学研究的角度而言，按以下四种分类法对体育文物进行分类是比较符合实际的（见图1-10）。

---

① 林春，郑智刚 . 体育文物与考古学 [M]. 兰州：甘肃教育出版社 .2016:24.

图 1-10　古代体育文物分类方法图

（一）时代分类法

按照目前通行的专题文物时代分类法，体育文物与文物的分类基本一致，包括史前时期的体育文物和历史时期的体育文物。史前时期的体育文物，同样亦分为旧石器时代体育文物和新石器时代体育文物；历史时期的体育文物则一般按照朝代划分，到清代的 1840 年为止，应有明确的年代标识，可以记录在案。

（二）区域分类法

体育文物的区域分类法，同样是以文物所在地点为标准。区域分类法的优点是，通过区域体育文物归类，使人们对某个区域的体育文物有比较全面的了解，为研究该地区的体育历史提供比较全面的资料，特别是有利于加强对体育文物实行分区域的管理（见图 1-11）。

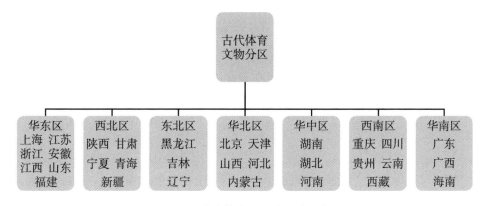

图 1-11　古代体育文物按区域分类图

（三）质地分类法

体育文物的质地分类法，是以制作文物的材料为标准的。其分类标准与文物的总体分类标准是一致的。虽然在考古资料中曾经发现有些文物并非用一种材料制作而成，即存在复合质地（复合体）的文物，但随着现代科学技术引入文物鉴定，如对古器物进行物理鉴定或化学定量定性分析，对文物质地的判定将更加科学，为按质地对体育文物进行分类提供了更为科学的依据（见图1-12）。

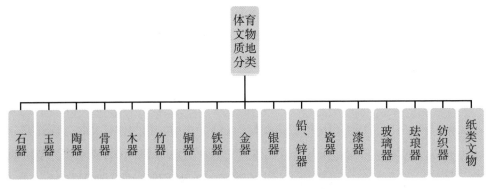

图 1-12　古代体育文物按质地分类图

（四）功用与属性分类法

体育文物的功用与属性分类法，是以体育文物在体育活动中的具体功用和属性为标准的。这种分类法，可以把功用、属性相同或基本相同的体育文物聚为一类，形成不同的类别和项目群。体育文物是人类进行体育活动的遗存，人们的任何体育活动，除了直接的道具外，也都会在制作的生产用具和生活用品、文化艺术品以及建筑等文物上留下一定的烙印，具有一定的体育活动属性。运用功用和属性分类法，可以比较准确地确认某些体育文物的性质和归属，以便于体育文物归项（见表1-1）。

表 1-1　中国古代体育文物项目群分类

类别	代表项目	名称举例
第一类	射艺类	弓射、弩射
第二类	武艺、武术类	乐舞、武术器械、器械对练拳术等
第三类	角力、摔跤类	角力、角抵、相扑、摔跤等
第四类	练力、举重类	各种练力形式、举重物等
第五类	"田径"类	跑、跳、投为主要形式的活动
第六类	球戏类	蹴鞠、击鞠（马球）、捶丸、步打球等球类活动
第七类	保健养生类	以呼吸锻炼为主的行气术、以引伸肢体为主的导引术和以舒筋活络为主的按摩术，以及相关的民间保健养生操等

类别	代表项目	名称举例
第八类	水上项目类	游泳、跳水、潜水等
第九类	雪上项目类	滑冰、拖冰床、滑雪
第十类	棋牌博弈类	围棋、象棋、弹棋、六博、双陆及其他棋类活动
第十一类	御术、马术类	赛车、赛马等
第十二类	运动休闲类	垂钓、登高、踏青、捉迷藏、乞巧、打髀殖、消寒图、益智图
第十三类	民俗游乐类	龙舟竞渡、荡秋千、打陀螺、拔河、跑旱船、舞龙、舞狮等体育娱乐活动

第三节　古代体育文物研究现状分析

对于如何开发文物这座历史文化和学术研究的宝库，国内、外的学者已经做了许多有价值的工作，取得了巨大成就。自 16 世纪开始，西方学者对文物的收藏与研究就从未间断过。

一、国外古代体育文物研究现状

体育文物是人类创造的体育物质文化和精神文化的物化遗存，是物质文化遗产的重要组成部分，承载着珍贵的体育历史和文化信息。在世界范围内体育文物的研究肇始于 18 世纪初德国考古学家约·温克曼对古代奥林匹亚遗址的发掘和整理。进入 20 世纪，随着奥林匹克运动的发展和对希腊、罗马奥林匹克遗址、神庙遗址文物调查研究的广泛关注，许多国家相继建立了体育博物馆、体育遗址博物馆（见表 1-2、1-3），收集存放了大量体育文物，学界的研究由此广泛展开，有关学者还撰写了不少论著（见表 1-4），如，Forbes 的 *Greek physical Education*（1929）、Gardiner 的 *A athletics of the Ancient world*（1930）。

表 1-2　世界体育遗址博物馆

体育遗址	地　点	时间
奥林匹克竞技会遗址	希腊，伯罗奔尼撒半岛奥林匹亚	公元前 460 年
赫拉竞技会遗址	希腊，奥林匹亚	公元前 600 年
伊斯特摩斯竞技会遗址	希腊，伊斯特摩斯	公元前 582 年
尼米亚竞技会遗址	希腊，尼米亚	公元前 300 年
皮托竞技会遗址	希腊，德尔菲	公元前 586 年
第一届奥运会主会场遗址	希腊，雅典	1896 年

表 1-3　世界综合性体育博物馆

体育遗址	地　点	时间
现代奥林匹克运动会博物馆	希腊，奥林匹克	1964 年
华沙体育与旅游博物馆	波兰，华沙	1952 年
芬兰体育博物馆	芬兰，赫尔辛基	1938 年
德国体育和奥林匹克博物馆	德国，科隆	1986 年
丹麦体育博物馆	丹麦，维吉勒	1986 年
爱沙尼亚体育博物馆	爱沙尼亚，塔林	1963 年
捷克体育博物馆	捷克，布拉格	1953 年
保加利亚体育博物馆	保加利亚，索菲亚	1978 年
挪威奥林匹克博物馆	挪威，利勒哈莫尔	1997 年
奥林匹克博物馆	瑞士，洛桑	1915 年
萨拉热窝奥林匹克博物馆	波斯尼亚和黑塞哥维那，萨拉热窝	1984 年
贝宁奥林匹克博物馆	贝宁，波多诺伏	1988 年
澳大利亚体育艺术及奥林匹克博物馆	澳大利亚，墨尔本	1986 年
新加坡体育博物馆	新加坡，新加坡城	1983 年
中国体育博物馆	中国，北京	1990 年
洛杉矶体育基金会博物馆	美国，洛杉矶	1936 年
日本相扑博物馆	日本，东京	1867 年
帆船运动博物馆	美国，罗得岛新港	1870 年
普莱西德湖冬季奥林匹克博物馆	美国，纽约	1932 年
挪威滑雪博物馆	挪威，奥斯陆	1911 年

表 1-4 国外体育文物主要论著

作者	书名	出版社
二宫文右衔门	体育史全史	目黑书店
山口林次郎	世界体育史	文书堂
今村嘉雄	西洋体育史（上、下）	明星社
今村嘉雄	欧美体育史	师大体育讲座
督筑重雄	东洋体育史	同右
大谷峰雄	日本体育史	同右
今村嘉雄	体育的历史	大修馆书店
法国纪莱特著、近藤等译	运动的历史	白水社
冈部平太	陆上竞技史	目黑书店
东京教育大学体育学部	体育大辞典	不昧堂
Leonard,EF. 等著、冈部平太等译	欧美体育史	目黑书店
大石峰雄	日本体育史	师大体育讲座
今村嘉雄	体育概史	三元堂书店
Affleck, Baird G	A guide to the history of physical education	Lea & Febiger,1947.
Rice E A , Hutchinson J L , Lee M	A rief history of phyical education	Ronald Press, 1958.
Menke, Frank G	The encyclopedia of sports	South Brunswick A.S. Barnes, c1975.
Mitchell , Dayton E	A world history of physical education	Prentice-Hall, Inc. 1953.
Forbes,C.A.	Greek physical education	New York: CenturyCompany, 1929.

二、国内古代体育文物研究现状

随着我国文物、考古制度的不断完善，全国各地建立了博物馆、纪念馆、非物质文化遗产馆及不可移动的文物单位。可移动的文物大部分藏于博物馆、纪念馆、图书馆、研究机构、石窟、寺庙等 700 余处。

从 20 世纪初至 21 世纪初，出版了一批图文并茂的文物书刊，如考古发掘简报、报告、文物图录、文物研究专著。从 20 世纪 50 年代初至 90 年代初，中国就已出版了大量文物书刊，据统计仅文物出版社 1957 年至 1987 年三十年间就出版了各种文物图书 300 多种，1003 册（部），其中包括墨迹、手稿 194 册，纪念图册等 48 册，考古调查发掘报告与文献、论著 133 册，综合性图书 43 册，法书、碑帖、玺印 209 册，绘画、雕刻 134 册，古铜器、钱币 27 册，陶瓷 22 册，工艺品 11 册，石窟古建筑 43 册，工具书 19 册，普及读物 120 册等，比较全面地介绍了中国悠久的历史和丰富多彩的文化遗产，反映了中国文物考古界的研究成果，促进了各国人民的文化交流。文物书刊所发挥的宣传教育作用要比博物馆、纪念馆、文物单位所发挥的宣传教育作用更大，因其宣传范围更广泛。由于能参观博物馆、纪念馆和文物单位的人毕竟有限，且陈列展览的文物也很有限（只占文物藏品中的极少数），而文物书刊对文物介绍不仅更多而且更全面、更翔实。这不仅有利于国内外广大读者，也有利于国内外学者研究断代史和专门史。就中国史而言，对西周以前的历史（尤其原始社会史）的研究，可以说基本上要依靠文物考古资料。由于文物具有证史、补史等作用，我国自 20 世纪 50 年代以来，文物、考古学科的学者撰著了通史，但由于当时缺乏文物考古资料，故战国以前部分就写得很少。随着文物考古事业的蓬勃发展，发现的文物资料日渐丰富，为郭沫若主编的《中国史稿》第一卷提供了大量新的文物考古资料，使该卷战国以前的篇幅大增，且大都是运用文物考古资料撰就。而杜耀西等著的《中国原始社会史》更是运用大量文物考古资料。又如断代史研究方面，孙淼著《夏商史稿》也是充分利用了大量的文物考古资料，从而使著作的内容更加丰富、充实，也更具有可靠性。再如对专门史的农业史、畜牧史、纺织史、陶瓷史、建筑史、冶金史、宗教史、医药史、天文史、交通史、体育史、艺术史、美术史、哲学史、教育史、法制史、军事史等等，均需借助于文物史料。特别是对有关无文字记载的原始社会史及其他专门史的原始社会阶段，唯有依靠实物史料——文物，如林耀华主编的《原始社会史》等。即使有文字记载以来，也因条件所限，导致记载简略乃至疏漏，抑或因记载已佚，而需用文物史料补充之。文物作为有形的实体，为在一些专门史中的专门研究提供更形象、生动的实物资料，如体育史中的建筑史、雕塑史、绘画史、服饰史、文物史的研究，文物发挥的史料作用是文献资料发挥的作用所无法相比的。

随着 19 世纪中期考古学的传入，学者也开始从考古学角度来关注中国古代体育文物在体育史研究中的重要作用。许多学者在对古代中国诸多体育活动的起源和发展进行文献资料考证的同时，还引用了许多体育文物发掘资料，获得了部分古代体育发展的新线索，20世纪以来，我国以文物、考古发现结合体育研究为方式的初步体育文物研究成果还是较为丰富的（见表1-5）。迈入21世纪，2002年由崔乐泉主持编撰了《中国体育通史》研究计划，先后被确立为国家哲学社会科学基金重点项目和国家体育总局重点课题，并于2008年出版了"十一五"国家重点图书规划项目《中国体育通史》（第一至八卷），实现了体育类读物列入国家重点出版规划"零"的突破。该书由崔乐泉、杨向东、罗时铭、赵建华、付砚农、郝勤、曹守和、马宣健为各分卷主编，其中的第一、二卷古代体育史部分，以大量的古代体育文物为"史证"材料阐述了中国古代体育的发展历程。随着我国体育考古资料的大量发掘，区域性研究也不断涌现，如，李金梅的《丝绸之路古代体育图录》（2008）、李重申的《敦煌古代体育图录》（2012）等。除了上述以体育文物为主体的史料汇辑，迄今我国以"体育文物"命名的研究主要见于邵文良的《中国古代体育文物图集》（1986）和崔乐泉的《中国古代体育文物图录》（2000），值得一提的是，由著名体育史专家郝勤倡导并主持建立的成都体育学院博物馆、山东临淄足球博物馆、河南郑州至为古代艺术博物馆等，均收藏了大量珍贵中国古代体育文物，为我国古代体育史研究提供了重要的"佐证"资料，体育文物的专门研究也日益引起学界的关注。

表1-5 20世纪我国体育文物研究主要论著

作者	书名	出版时间
郭希汾	中国体育史	1919年
唐豪	少林武当考	1930年
罗香林	唐代波罗球考略	1944年
王尧	唐代马球考略	1982年
李季芳	中国大百科全书体育卷	1982年
翁士勋	二十五史体育史科	1982年
邵文良	中国古代体育文物图集	1986年
谷世权	中国体育史	1997年
崔乐泉	中国古代体育文物图录	2000年

第二章 / 齐鲁古代体育文物概述

　　世界各国无论其历史长短，都有丰富或较为丰富的体育文物，这些文物是人民智慧的结晶，具有不可再生性，既是一个国家的宝贵财富，又是全人类的财富。幅员辽阔的中国大地，培植了各具特色的区域文化，齐鲁文化是我国区域文化的典型代表，是齐鲁人民在长期的生存斗争和社会实践中积累的精神财富，在长期的生产劳动、军事征战、宗教活动、娱乐游戏、教育传习、医疗养生等活动中得以代代相传，逐渐形成了以强身健体为主要目的、以民间民俗娱乐活动为主要内容的古代体育，留存了许许多多宝贵的历史遗迹和文化遗存。

第一节　齐鲁古代体育概述

　　体育是人类文化史上一种重要的社会文化现象，在中国古代虽无"体育"一词，但却存在着绚丽多姿、丰富多彩的身体活动形式，这些有着悠久历史和鲜明风格的古代身体活动，既是古代体育的雏形，在其发展演化过程中又逐渐形成了具有东方民族风格与特色的体育文化，为中华民族遗留了大量珍贵文化遗存。

一、齐鲁文化概述

"齐鲁"一词的由来，缘起于先秦齐、鲁两国，是齐国和鲁国的合称，原本是国家概念。齐与鲁是西周初年的两个封国，是西周在东方代行行政统治的两个重要阵地。"齐鲁"组合最早为孔子命名，"齐、鲁之故，吾子何不闻焉。"(《左传·定公十年》)但是，这里所讲的还是国家概念，各自独立其义。到战国末年，随着政治、经济、文化的发展，民族融合和人文同化的基本完成，齐、鲁两国文化也逐渐融合为一体，因为文化的交流，齐、鲁两国内部联系便逐步加强，"齐鲁"形成一个统一的文化圈，由统一的文化圈形成了"齐鲁"的地域概念。[①]

博大精深的齐鲁文化，是中华优秀传统文化的典型代表，是指先秦齐国和鲁国以东夷文化和周文化为渊源而发展构建的地域文化，是秦汉以来中国大一统文化的主要源头，是齐鲁人民在几千年的历史发展进程中所创造的文化。由于所处的地理环境、自然条件、历史传统和文化渊源，特别是治国方针的差异，鲁国产生了以孔子为代表的儒家思想学说，齐国吸收了东夷文化并加以发展，形成了不同风格、不同流派的学术文化。两种古老文化存在差异，相对来说，齐文化尚功利，鲁文化重伦理；齐文化讲求革新，鲁文化尊重传统。两种文化在发展中逐渐有机地融合在一起，形成了具有丰富历史内涵的齐鲁文化。秦汉以后，齐鲁文化逐渐由地域文化演变为官方文化和主流文化，成为中国传统文化的主干，推动了中华文化的传承与发展。

二、齐鲁古代体育的相关古文献记载

（一）民俗休闲活动

1. 田猎

鲁国人经常参加打猎活动，春秋时期，从鲁桓公到庄公、昭公、宣公、哀公都是田猎爱好者。田猎是集身体、技战术训练于一体的军事训练活动，据《礼记·月

---

① 马敏卿，张燕霞. 地域文化对武术拳种的产生和发展的影响 [J]. 北京体育大学学报. 2006,29(10):1340-1342.

令》载：季秋之月，"天子乃教于田猎，以习五戎，班马政"。"五戎"即弓矢、殳、戈、矛、戟五种兵器；"马政"即驭马驾车技术。据《孟子·万章下》载："孔子之仕于鲁也，鲁人猎较，孔子亦猎较"。这一面是孔子"与民同乐"，同时也还有寓兵于猎，"教民以战"之义[①]。

2. 钓鱼

春秋战国时期，钓鱼也是一项流行的文体娱乐活动。《论语·述而》："子钓而不纲，弋不射宿"。这段话虽在于宣扬孔子的"仁"，但亦可知孔子是喜爱钓鱼射猎的。

3. 乐舞

何为舞？《诗经·大序》中说："手之舞之，足之蹈之"；《尔雅》中说："婆娑，舞也。"春秋战国时期有着丰富多彩的舞蹈，鲁国保存了很多西周流传下来的作为礼乐教化的乐舞。《史记·吴太伯世家》记载，吴国季札聘于鲁国，看到了丰富的周乐，即象舞、大武舞、韶濩、大夏等所谓"六代之乐"，赞赏不已。孔子对西周的乐舞进行过整理，并列为教学内容。《史记·乐书》中也有一段孔子讲解的武王伐纣为题材的"大武舞"的材料。每年春三月为求雨而跳的"雩舞"，亦是民间节日风俗之一。《论语·先进》记孔子要弟子们各谈志向，曾晳曰："莫春者，春服既成。冠者五六人，童子六七人，浴乎沂，风乎舞雩，咏而归。"（《诸子集成》第一册）曾晳以暮春之月，在舞雩台上吹吹风，一路唱着歌儿回来的这种志趣，受到孔子的赞赏。所谓"舞雩"就是古代求雨祭天，设坛命女巫为舞。当时，人们常以武舞来表示英勇豪迈，振奋精神。《孔子家语》卷二，"子路戎服见孔子，剑而舞曰：古之君子固以剑自卫乎。"《庄子·让王》："孔子穷于陈蔡之间，七日不伙食……子路屹然执干而舞。"在困难的环境中子路以武舞来振奋精神，表现了英雄气概。

4. 举重

春秋战国时期，在鲁国流传着一些大力士的故事，据《左传·襄公十年》载：孔子之父叔梁纥在鲁国人攻伐阳的一次战斗中，曾用双手顶住重逾千斤的悬门，救出了中埋伏的鲁军。对孔子也有类似的记载，《列子·说符》："孔子之劲能拓国门之关，而不肯以力闻"。《吕氏春秋·慎大》："孔子之劲，举国门之关"。由

---

① 毕世明.中国古代体育史 [M].北京：北京体育学院出版社.1990:112.

于这些历史记载，"举关"成了举重的一个代名词。到了唐代，武举考试中列"翘关"为考试项目，其历史渊源即是先秦时期的"举关"。①

5. 风筝

战国时，已有木鸢的创造。《墨子·鲁问》："公输子削竹木以为鹊，成而飞之，三日不下，公输子以为至巧。"鲁国巧匠鲁班制造的"木鸢"，其凭借风力在空中飞翔，用来侦察宋国的都城，"木鸢"即是风筝的前身。《韩非子·外储说左上》："墨子为木鸢，三年而成，非一日而败。"

6. 围棋

围棋是人们度过闲暇时间的一项良好活动。《论与·阳货》，"子曰：饱食终日，无所用心，难矣哉！不有博弈者乎，为之犹贤乎已。"孔子认为，空闲时间下围棋总比无聊得什么都不干要好些，可以推想，孔子及其弟子们常在休息时间下围棋。《孟子·离娄下》，"公都子曰：匡章，通国皆称不孝焉。游，又从而礼貌之，敢问何也？孟子曰：俗所谓不孝者五，惰其四支，不顾父母之养，一不孝也；博弈好饮酒，不顾父母之养，二不孝也……章子有一于是乎？"孟子所谓的五不孝之一是爱好赌博、弈棋和饮酒太过分，以致不管奉养父母。这客观上表明当时社会上已有一批棋迷产生，他们过分爱好弈棋，以致产生了不良影响。孟子还用弈棋比喻学习说："今夫弈之为数，小数也。不专心致志，则不得也。弈秋，通国之善弈者也，使弈秋诲二人弈，其一人专心致志，惟弈秋之为听；一人虽听之，一心以为有鸿鹄将至，思援弓缴而射之，虽与之俱学，弗若之矣。"（《孟子·告子上》）②

7. 剑术

《墨子·节用中》谈及剑之特色曰："为刺则入，击则断，旁击则不折，此剑之利也。"可见，人们对剑术的理解已经比较深入。

8. 游泳

据《庄子·达生》载，"孔子观于吕梁，悬水之十仞，流沫四十里，鼋鼍鱼鳖之所不能游也。见一丈夫游之，以为有苦而欲死者也，使弟子并流而承之。丈夫数百步而出，被发行歌。孔子从而问焉，曰：'吾以子为鬼也。察子，则人也。

① 任海.中国古代体育 [M].北京：商务印书馆.1996:46.
② 赵洪恩，李宝席.中国传统文化通论 [M].北京：人民出版社.2003:146.

请问蹈水有道乎？'曰：'亡，吾无道。吾始乎故，长乎性，成乎命。与赍俱入，与汩偕出，从水之道而不为私焉，此吾所以蹈之也。'"

9. 御术

御术在鲁国学校教育中有五种，名为"五御"，即："鸣和鸾，逐水曲，过君表，舞交衢，逐禽左"。(《周礼·地官》)刘伯骥的《六艺通论》对"五御"作如下解释：鸣和鸾，以"和""鸾"两铃节车之行，"和"在轼，"鸾"在衡，马行车行，两相呼应，合于节奏；逐水曲，车傍水而行，道路透逸，能驾车逐水势之曲前进而不坠水；过君表，驾车经过国君所在地时，御车向辕门直入，中而不偏，表示行礼致敬；舞交衢，御车于十字街道中，马的步度，车的旋转，彼此合拍，应于舞节；逐禽左，驾车田猎时，要把猎车驾驭到禽兽的左侧，以便射杀。以上五种驾车驭马的基本技术，是适应车战的需要，体现了从易到难、循序渐进的教学原则。在以车战为主要战争形式的春秋战国时代，战车的驾驭术自然成了军队训练和学校教育的重要内容。

《墨子·尚贤上》明确提出以奖赏射御之士来形成射御的尚武风气。墨子言："譬若欲众其国之善射御之士者，必将富之贵之，敬之誉之。然后国之善射御之士，将可得而众也。"《墨子·尚贤下》又说，"今若有一诸侯于此，为政其国家也，曰：凡我国能射御之士，我将赏贵之，不能射御之士，我将罪贱之。问于若国之士，孰喜孰惧？我以为必能射御之士喜，不能射御之士惧，我赏因而诱之矣"！

10. 射术

夏商时期的学校"校""序"是教射和习射的地方。《孟子·滕文公上》载有："序者，射也"。说明类似体育的射术已是当时学校体育中的一项主要内容。到西周、春秋战国时代，射术更加普及。《礼记·射义》说："古者天子以射选诸侯、卿、大夫、士。射者，男子之事也，因而饰之以礼乐也。故事之尽礼乐，而可数为，以立德行者，莫若射，故圣王务焉。""故射者进退周还必中礼，内志正，外体直，然后持弓矢牢固；持弓矢牢固，然后可以言中。此可以观德行矣。"这里虽也有体育方面的要求，但主要是从德育、礼治方面来看待射箭了，是射箭的礼仪化发展。[①]

---

① 毕世明.中国古代体育史[M].北京：北京体育学院出版社,1990:113-118.

（二）武术武艺活动

处于春秋战国时期的齐、鲁两国都历经八百余年，战争是当时的主旋律，战争的发展促进了体育项目的不断产生与发展壮大，体育作为战争训练的主要手段，对战争队伍的壮大起到了极大的作用。据史书载，当时齐鲁大地"尚武之风"兴盛，受战争的影响，齐桓公、管仲极力提倡拳勇，先进的军事思想也是独领风骚，射术、剑术、驾驭等项目在齐鲁大地十分流行。《墨子·尚贤上》明确提出以奖赏射御之士来形成射御的尚武风气，"譬若欲众其国之善射御之士者，必将富之贵之，敬之誉之，然后国之善射御之士，将可得而众也"。以武术为代表的军事体育促进了齐鲁军事的加强，从而使齐、鲁两国不断发展壮大。秦汉时期，"始以远射杀伤敌人，终以近战决胜负"的战争形式，促进了战争护具的演练使用与兵器训练的变化，促进了军事武艺的发展。沂南出土的《舞剑图》提供了真实的佐证材料，剑术逐渐从武艺实战中消失，更注重强身健体的锻炼意义，"男子佩剑"也成了身份的象征。秦汉时期，兵民不分，各地经常训练兵士，武艺、械术、骑射是演练的主要项目，齐鲁各地现存的汉画像石，有大量格斗、击剑的画面，记录了下腰倒立、蛙式倒立、多人翻身倒立、双手支撑倒立、翻跟头、耍飞棒、单人习拳走势、双人器械对练、徒手搏斗、执械格斗等动作，反映了当时齐鲁地区习武的情况。齐鲁境内出土了大量汉代剑、矛、戟、刀、殳、戈、甲以及弩机、鱼刺拐等器械，有铜质的，也有铁质的，其中刀、戟、矛等是汉代有代表性的武器。在魏晋南北朝时的动荡割据时期，齐鲁民间习武之风大盛，青、兖、齐诸州居民强悍勇猛，逐渐形成了独具特色的青兖武艺。青兖武艺尤重骑射，清河（今山东临清、武城一带）人傅永，有气力，"拳勇过人，能手执鞍桥，倒立驰骋"，70多岁还能"擐甲挥戈，单骑先入"，其子傅叔伟臂力过人，"弯弓三百斤，左右驰射，又能立马上与人角骋"。琅琊（今山东临沂市）人皮景和射箭百发百中，曾"将五六骑深入一谷中，值贼百余人，便共格战，景和射数十人，莫不应弦而倒。"十六国时期，马稍是青兖武艺的重要兵器，《南史·羊侃传》载羊侃能"执稍上马，左右击刺，特尽其妙"。当时练武既练跑、跳，也拉硬斛弓练力，这一时期还出现了飞檐走壁、击石破碎等轻功、硬功。侃雄勇，臂力绝人，"所用弓至十余石，尝于兖州尧庙蹴壁，直上至五寻，横行得七迹。泗桥有数石人，长八尺，大十围，侃执以相击，悉皆破碎。"唐代，武术器械有了进一步的发展，《新唐书·杜伏威传》载齐州人阚棱"善用两刃刀，其长丈，名曰'陌刀'，一挥杀数人，前无坚对"。宋代武器以刀、矛、枪、弓、矢为主，此时刀术有了较大发展，齐鲁地区出现了一些刀术高手，如莱州人徐文"勇力过人，挥巨刀重五十斤，所向无敌，人呼为'徐大刀'"。宋代民间练武十分兴盛，出现了自愿结合的练武组织，"章丘民聚党村落间，号'霸王社'，椎剽夺囚，无不如志"，这种村落间的练武组织促进了武艺的交流，推进了武术的发展。明代是武术的大发展时期，拳术至明代始有南派、北派之分，并建立了完整的武术体系。齐鲁尚武之风盛行，形成了具有独特风格的北派拳术，明代山东著名的武术高手有以腿法实战而称雄一世的"山东李半天"，以擒拿卸骨而著称的"鹰爪王"，以醉拳地躺跌扑而称雄天下的"千跌张"，他们武术高超，重实战，有绝技，是历史上赫赫有名的武术杰出代表。蓬莱人戚继光既是抗倭名将、文武兼备的军事家，又是著名的武术家，他精心研究齐鲁及其他地方的拳械武艺，主张武艺训练应重实战，反对花法虚套，强调身体全面训练，主张练心力、手力、足力、身力，著有《纪效新书》《练兵实纪》等。清代武术的发展，远远超过前代，现今齐鲁流传的拳种，大多在清代形成或传入。螳螂拳据传为明末清初即墨人王朗所创，在流传中逐渐形成了不同流派。雍正年间，泰山（今山东泰安市）人孙通在省内传授燕青拳。乾隆年间，查拳已在冠县、任城（今山东济宁）广泛流传；崂山付家埠付土古传授连五掌、八方掌、虎燕掌、回马掌等；文圣拳开始在嘉祥流传。嘉庆年间，济宁人王祥在境内传授八卦掌。清代中、末期，花拳、少林大花拳、少林大滑拳、关公落地梅花拳、少林俞门拳等在济宁流传，八极拳在宁津一带流传，长拳在文登流传，红拳流行于鲁西南，子午梅花拳、内功八极拳经传入临沂，龙形太极拳由天津传入利津，小虎延拳在广饶流传，二郎拳、燕青锤在惠民流传，岳家大枪、摔跤二十手在益都、沂水流传，太祖拳在苍山流传，潭腿、埋伏拳等在郯城流传。

（三）孔子体育思想

孔子身材高大健壮，且善射、能御、巨力，在鲁国的政治、外交、军事活动中有过杰出的表现。有关孔子的射御技能及非凡体能的记载散见于《论语》《左传》《史记·孔子世家》等文献资料中，需要仔细耙梳方能找到。孔子将具有军事战备性质的射御置于其礼治体系中，将勇武、竞技，以及长寿养生皆纳入其仁学思想中，形成了具有鲜明礼教色彩的体育思想。

1. "仁智之勇"

为国家、民族的利益而不怕挫折牺牲、敢于拼搏争取的勇武精神是民族英雄主义精神的写照，也是中华体育精神的重要内容。追根溯源，勇武精神与孔子的"仁智之勇"思想有着密切的联系。孔子将"勇"作为君子品格的重要内容，并将"仁""智"融合为一体来阐明其内涵："君子道者三，我无能焉，仁者不忧，智者不惑，勇者不惧。"（《论语·宪问》）"仁"，是针对君子的德行而言，是界定君子的首要标准；"知"，是针对君子的智慧而言，是君子承担其社会责任以实现仁德的能力；"勇"，指君子内心的勇敢与强大，君子"仁""智"得以实现需要有问心无愧的强大的内心。孔子所谓的"勇"与"畏""惧"相对，包括以下三个方面的内涵：首先，真正的"勇"须是仁者之勇。"仁者必有勇，勇者不必有仁。"（《论语·宪问》）仁者以天下为公，内心坦荡，方才无忧无惧。仁者之勇是勇于反省、勇于改过。"吾日三省吾身"（《论语·学而》）；"见贤思齐，见不贤而内自省也"（《论语·里仁》）；"知耻近乎勇"（《中庸》），时刻将荣辱记在心上的人，才是真正的勇者。其次，真正的"勇"须是智者之勇。孔子曰："暴虎冯河，死而无悔者，吾不与也。必也临事而惧，好谋而成者也。"孔子不赞赏那种赤手空拳和老虎搏斗或不用船只渡河死了都不后悔的人，临事而惧且能善于谋划后作决断的人才值得称道。孔子推崇智者之勇，力量与智慧相结合才能产生价值，匹夫之勇、逞一时之快之勇缺乏谋划，其弊端是容易引起祸乱，"好勇不好学，其蔽也乱"（《论语·阳货》）。其三，真正的勇要以礼法道义为前提。孔子厌恶"勇而无礼者"（《论语·阳货》），认为"勇而无礼则乱"（《论语·泰伯》）。"义"，宜也。真正的勇要以"义"加以约束，"君子义以为上，君子有勇而无义为乱，小人有勇而无义为盗"（《论语·阳货》）。君子有勇无义就会造反，小人有勇无义就会成为匪盗之徒。由此看来，孔子所谓"勇"是指仁智之"大勇"，并将其与无仁之勇、无智之勇区别开了，只有具有仁智之勇的人，才能有所担当，有所成就。孔子在夹谷会盟上以"仁智之勇"为鲁国赢得了外交、军事上的胜利，后世得到认可的民族英雄、武术大家也皆有"仁智之勇"。勇武是传统竞技文化的重要内容，也是传统武术武德的组成部分，但尚武之人常有因一己私利或为一时之快而逞强斗狠的现象，孔子"仁智之勇"的观点对于改变这一现象，塑造优秀的竞技体育文化与武术武德都有积极的作用。

2. "君子之争"

竞争是竞技文化的核心内容，也是竞技体育文化的基本特征。孔子"仁""礼"思想体系中将"争"与"和""礼"结合起来，倡导"和争""礼争"。孔子多讲"仁"与"礼"，而少言"争"，《论语·八佾》中则专门论到了"争"："君子无所争。必也射乎！揖让而升，下而饮。其争也君子。"君子有谦让之德，如若论争，只有射箭最合适，射箭比赛是周朝最为普遍的竞赛活动。射箭竞赛不仅比试射箭的力量、技艺，还需要通过射箭培养参与者的礼仪，从赛前的揖让到赛后的同饮，尽显君子之风，谓之"君子之争"。可以从以下几个方面理解"君子之争"：首先，"君子之争"是培养君子风度的重要方式。"射者，仁之道也。"（《礼记·射义》）通过君子在射箭过程中前进、后退、转身、反身等一举一动中培养自身的礼仪规范和内在素养。观射之人则借此判断君子的品行，并将其作为甄选诸侯、卿大夫、士的重要依据。其次，"君子之争"不是只注重结果的竞争，而是提倡文明竞赛。以射观士、以射选士，观选的依据不仅仅是射的结果，还包括射箭过程中的举止、神情。同时，孔子认为射箭只要正、直、固且中礼，便可射中，而对于射箭力量的大小并不看重，"射不主皮，为力不同科，古之道也"（《论语·八佾》）。射箭是否射破箭靶并不是衡量的标准，孔子并不赞同以力量强大而显示霸气的竞争方式。其三，"君子之争"并不忽视竞技的过程，而是对射箭过程中的问题进行了具体分析。在射箭的过程中，君子需要"内志正，外体直""持弓矢审固"，射箭时内心要纯正，即心诚，精神高度集中、身体端正挺拔、执弓搭箭要稳。如果射箭不中，需要从自身找原因，"射求正诸己，己正而后发，发而不中，则不怨胜己者，反求诸己而已矣"（《礼记·射义》）。射箭的最高境界是技术娴熟且中礼合乐，达到人与弓箭合一、合乎礼仪且"随心所欲不逾矩"的境界，"射者何以射？可以听？循声而发，发而不失正鹄者，其唯贤者乎。若夫不肖之人，则彼将安能以中"（《礼记·射义》）。

孔子的"君子之争"对后世的竞争观念及赛场礼仪产生了深远的影响。在竞争观念上，孔子倡导"和争"，认为竞争是自我培养的一种方式，不注重结果，而注重竞争的过程给竞争双方乃至观赏者产生的影响。在此种观念下，传统武术形成了"武德为首，以和为贵"的比赛观念。当今"友谊第一，比赛第二"的赛场文化也与孔子"和争"观念一脉相承。在赛事礼仪上，孔子认为竞争者乃至观众都是比赛的参与者，每个人的举止神情都要符合特定的礼仪，因此，"君子之争"

倡导"礼争"。受"礼争"的影响，武术比武形成了固定的礼仪模式，遵守比武礼仪成为比武者必备的素养。目前随着竞技体育赛事的增多，赛场礼仪和看台文化成为赛事文化的重要组成部分，从君子礼争中继承优良传统以规范赛场礼仪和观赛礼仪，有助于高品质赛场文化的建设。

3. 文武兼备

孔子在治国上主张文武兼备；在自身修养上，既熟知《诗》《书》《礼》《乐》，又擅长射、御，能文能武；在教育上，亦是既重视仁、义、礼、智，又注重武勇，二者不可偏废。孔子文武兼备的主张对于后世的身体教育、体育传承均有一定的借鉴意义。

在治国安民上，孔子主张文武兼备，张弛有道："张而不弛，文武弗能也。弛而不张，文武弗为也。一张一弛，文武之道也。"（《礼记·杂记下》）孔子在推行礼治思想的同时，提出在诸侯争霸局面下军事战备的重要性。孔子的政治理想是"祖述尧舜，宪章文武"，建立仁怀天下、礼治万民的社会。孔子在坚守政治理想的同时，也看到了春秋战国时期礼崩乐坏的混乱局面，对于治国提出了文武兼备的观点："有文事者必有武备，有武事者必有文备。"（《史记·孔子世家》）在诸侯争霸的环境下，国家的治理不仅需要礼治，还需要增强军事力量。鲁国与齐国的夹谷会盟上鲁国取得的胜利，不仅来自孔子的仁智之勇，而且与鲁国武将左右司马的同行所带来的威慑力有一定关系。在自身修养上，孔子既重礼教修养，成为后世敬仰的谦谦君子，又注重身体运动能力的培养，具有非凡的武勇气质。一方面，孔子潜心学习商周礼治文化，整理《诗》《书》《礼》《乐》，撰写《易传》《春秋》，开创了儒家伦理道德思想。在日常生活中，孔子躬身实践礼教思想，在言谈举止、服饰装束上符合"礼"的规定。另一方面，孔子喜爱射、御且技艺精良。孔子射于矍相之圃，"盖观者如堵墙"；相较于箭，孔子认为自己更喜欢驾车，"吾何执？执御乎？执射乎？吾执御矣"（《论语·子罕》）。孔子身材高大，力气很大，能徒手打开城门，"孔子之劲拓国门之关""勇服于孟贲"，勇力屈服了大勇士孟贲；"足蹑郊兔"，能追踏野兔；曾担任司寇，掌管刑狱、纠察之事。顾恺之所绘的《孔子出行图》中，孔子在前，腰悬长剑，孔子武勇之气概可见一斑。孔子在鲁国难以推行礼治思想，开始周游列国，结果处处碰壁，只得回国授徒著书。孔子的伟大在于"知其不可而为之"的勇气与坚韧，其思想在后代成为历代统治王朝治国观念的思想基础。

图 2-1 《圣迹图》之孔子习射图（课题组采集于曲阜孔庙，2017.08）

同时，孔子将文武兼备的观点渗透在其教育观念中，对于弟子的教育不仅注重诗书礼仪的学习，还注重射、御的练习，形成文武并重的教育思想。孔子在周礼衰微之际，大力倡导"礼治"思想，在教授子弟过程中，亦是将"六艺"中"射""御"作为教学的主要内容之一。"射"即射箭，"御"即驾驭战车，二者的讲授学习有助于增强身体素质，提高作战技能。孔子弟子中亦不乏身材健壮、武艺高强的弟子。"弟子盖三千焉，身通六艺者七十有二人"。（《史记·孔子世家》）孔子经常通过日常为人处世教育弟子，还带着学生登山、游水、郊游，在休闲游乐中讲解其礼治思想。孔子身体力行、文武兼备、张弛有道的教学方式对后世教育产生了积极的影响。

图 2-2 《圣迹图》之孔子观射图（课题组采集于曲阜孔庙，2017.08）

综上，孔子所倡导的儒家礼治思想对鲁国的政治、经济、军事、民俗文化等影响深远，诸多的体育现象也成为承载孔子思想的重要载体。射箭是其礼治思想传播的工具，"仁智之勇""君子之争""文武兼备"是其礼治思想的延伸与发展。由此看来，孔子体育思想是其仁礼思想体系的组成部分。由于儒家思想在后世两千多年中一直居于主流地位，孔子体育思想为后世竞技文化、体育文化的发展提供了价值导向，成为我国传统体育文化精神的重要内容。

第二节 齐鲁古代体育文物的界定与分类

齐国是"春秋五霸之首，战国七雄之冠"，遗留了大量古代体育的文物古迹，齐国奠定了中国早期体育娱乐活动的独特地位，呈现了大众化、生活化的体育特色；鲁国是儒学创始人孔子诞生地，是礼仪之邦。舍生取义的儒家文化价值观是体育活动中的人文因子，为建立和完善中华体育人文精神打下了坚实的理论基础。

一、齐鲁古代体育文物的界定

大量文物史迹、遗物和古文献资料表明，齐国传统体育文化的形成受战争的影响较大，战国时期，齐国为当时的大国，战争连连不断，为了战争，军事体育得到了很大的发展，逐步形成了以武术为代表包括拳术、剑术、驾驭等的体育项目，并且齐国的很多民间体育项目也是从军事体育项目中发展而来的，因此，齐国的传统体育文化侧重于竞技。鲁国虽然是西周时的受封大国，但到了战国时期逐渐衰落成当时的中等国家。与此同时，由于受到孔子儒家思想的广泛影响，鲁国推崇礼仪道德，重视农业发展，是典型的农业国家，在经济上自给自足，在文化上内向保守。在这样的背景下形成的体育文化，其风格自然趋向于拘谨和内敛。而齐国的体育文化风格则与鲁国大异其趣。由于人民的重商传统和开放的经济政策，齐国成为战国时期的经济大国，其注重对外开放，崇尚交流与合作，其体育文化风格由此形成了活泼、豁达的鲜明特色。

求革新、尚功利的齐文化是中国早期体育娱乐活动发展的基本躯干；重仁义、尚伦理的鲁文化是中国早期体育娱乐发展的肌肉和精神，孔子的观点在中国古代体育思想发展史上占据了极其重要的历史位置，彰显着中华民族传统体育思想的光辉。本研究一方面通过对山东博物馆以及辖区 17 地市及相关县区的实地调研和资料采集，另一方面查阅古文献记载与已出版的《中国画像石全集》《山东汉画像集》《嘉祥汉画像石选》《微山汉画像石集》《沂南北寨汉墓汉画像石书册》等资料，访谈国内体育史界知名专家，认为界定齐鲁古代体育文物的概念要从时、空、物三方面去考量，将齐鲁古代体育文物界定为是指先秦至清末时期在齐、鲁两国地域出土或现陈列于各地博物馆、考古研究所、文史馆和民间收藏的体育文化遗存和遗迹。

二、齐鲁古代体育文物的分类

齐鲁古代体育活动是随着其历史文化的演进而逐渐产生的，文明时代伊始，在自给自足小农经济与专制统一局面所提供的文化氛围中，在不断吸收外来体育形式和对外传播的过程中，在长期的民族冲突与交融的历史征程上，齐鲁古代体育形成了自己形式多样的活动内容，一是存在于文物史迹即古文化遗址、古墓葬、古建筑、石窟寺、石刻中；二是记载于古器物、古书画和古文献等文化遗物中。

一般而言，文物的分类方法选择以文物保管、保护、宣传、研究的需要为原则，由此，本研究结合前述文物与体育文物的分类方法，综合考量齐鲁区域古代体育文物实际情况，为更好地进行研究与考释，采用综合分类法和属性分类法两种方法进行分类，运用综合分类法旨在更加精准地解读齐鲁古代体育的文化内涵与特质，运用属性分类法目的在于从对其按项目进行图录分类编制，旨在让世人体会丰富多样的齐鲁古代体育。

（一）综合分类法

通过对齐鲁地区出土的文物筛选与调查可知，记载古代身体活动主要载体有：一是石刻，如在沂南县、嘉祥县、微山县、济宁市等地出土的大量古墓葬的画像石中就刻画了射箭、御术、乐舞百戏、练力、举重物等活动场景与图像；二是壁画，如东平县后屯汉墓 M1 北壁的汉代斗鸡图壁画；三是陶器类，如收藏于济南博物馆的汉代乐舞杂技陶俑；四是其他质地的文物，如，1978 年山东省曲阜市鲁国故城出土的战国玉六博棋子、收藏于淄博德隆博物馆的清代沉香木雕对弈笔筒等。按综合分类法齐鲁古代体育文物分类如见图 2-3 所示。

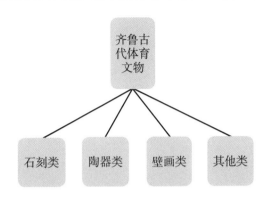

图 2-3　齐鲁古代体育文物按综合分类法分类图

（二）属性分类法

　　齐鲁古代体育是随着古代社会政治、经济、科学、文化的发展而逐渐传承、丰富起来的，并在历史的进程中形成了独具区域特色的身体运动体系。根据齐鲁古代体育活动本身的特点和活动方式，从文物所展现的体育活动画面来看，为更贴近古代齐鲁地区盛行身体活动项目的原始面貌，在我国古代体育文物分类的基础上，按文物属性分类法将其划分为射箭与射弩、武术与武艺、球戏、练力举重与角力、御术与马术、棋牌博弈、民俗休闲娱乐七类项目群进行解读与阐释（见表 2-1）。

表 2-1　齐鲁古代体育文物按功用与属性分类

类次	类别名称	项目名称举例
第一类	射箭与射弩	弓射、弩射
第二类	武术与武艺	器械、拳术、乐舞百戏等
第三类	球戏	蹴鞠、马球、捶丸等活动形式
第四类	练力举重与角力	各种形式的练力、举重、摔跤
第五类	御术与马术	骑马、赛马、御车、马术等
第六类	棋牌博弈	围棋、象棋、六博等
第七类	民俗休闲娱乐	垂钓、龙舟竞渡、荡秋千、风筝、斗鸡、斗兽等

第三章 / 齐鲁石刻类古代体育文物

在中国古代文物中，古代石刻的数量与它所包含的文化内容之丰富都应该名列前茅。就现有的石刻文物来看，古代石刻遗存中包含有文字、纹饰图案、造型雕刻、建筑构件等多个方面的文化内容，不仅是中国考古学研究的重要组成部分，而且涉及哲学、文学、历史学、民俗学、美术史学等众多学科的研究。

第一节　齐鲁石刻类体育文物的界定

人类文化是由一元向多元发展的，石刻是人们为满足生存需要和精神需要而进行的工艺设计制作，生动形象地表现了人们的内心世界。我国最原始的石刻形式古代称之为摩崖，是在山崖上直接刻写文字所形成的石刻。汉代以后，摩崖仍然是一种重要的石刻形式，尤其是在山地中大量使用，古代摩崖往往聚集在著名的风景胜地、寺庙和古代文化遗迹附近，形成了丰富的文化景观。在西汉晚期和东汉时期，石刻开始大量出现，并且日益普及，雕刻技艺也非常成熟，促成这一变化的应该是多方面的文化因素。就目前考古所见，石刻运用得最广泛的，还是在丧葬建筑之中。所以，中国古代丧葬制度的变化，可能是石刻在古代中国风行开来的一个根本因素。

一、我国石刻产生的历史文化背景

（一）汉代人的宇宙观

以汉画像石为代表的石刻作品，是用图像对汉代世界进行表现，它们既是实用的，也是审美的，且主题鲜明，简洁凝练，以生动的形象淋漓尽致地体现了汉代人囊括宇宙、并吞八荒的宏伟气概，生活气息浓厚，充分体现了汉代人对于生死问题朴素而深刻的思索。

汉代是一个进取、充满生机和活力的时代。任继愈指出："秦汉哲学基本上讲的是关于宇宙构成的认识之学"。金春峰也认为："汉代哲学的主题和基调是人的强大有力和对天（神）的征服，在天人关系中，形式上是天主宰人，实质上是人支配天"。的确，秦汉时期的"天"是为人服务的，人们充分利用"天"这个能够无穷无尽挖掘发挥的资源为实现政治、社会生活所用。

汉代对宇宙的解释，一类比较抽象玄虚。如《淮南子·天文训》中，天地没有产生以前，混沌未开，后来"宇宙生气，气有涯垠，清阳者，薄靡而为天，重浊者，凝滞而为地。清妙之合专易，重浊之凝竭难。故天先成而地后定。天地之袭精为阴阳，阴阳之专精为四时。四时之散精为万物"。汉代人对天的认识是模糊的，但已具有整体感的把握。

另一类解释则简洁明快。《淮南子·齐俗训》中有"古往今来谓之宙，四方上下谓之宇"，这是抽象、空泛意义上的"宇宙"。东汉人高诱注《淮南子·览冥训》时曰："宇，屋檐也；宙，栋梁也"。东汉学者许慎《说文解字》对"宇"的解释与此相同："宇，屋边也"。说明这是社会上比较流行的说法。汉代宫殿建筑中注重"反宇"即屋檐上挑以向阳采光，也是从这个意义上使用"宇"，这便是"具象"的，人们触手可及、能自由出没其中的宇宙。

在战国秦汉的流行观念中，还有天柱、天门，也是从住宅的空间形象去推论宇宙结构。如天柱，人们认为天体由八柱而起。《楚辞·天问》中有对"天极八柱"的一连串的发问："天极焉加？八柱何当，东南何亏？"说明战国后期楚人的思想中，对于八柱、天极，已有较为深入的思考。《淮南子·览冥训》回顾"往古之时，四极废，九州裂，天不兼覆，地不周载……女娲炼五色石以补苍天，断鳌足以立四极"的传说，提出"天地之间，九州八柱之说"。《初学记》则明确："昆仑山为天柱，气上通天，昆仑者，地之中也"。昆仑山应是大地之中的天柱，正如皇室中的顶梁柱。天门是人们想象中的天宫之门，《楚辞·九怀》有"天门兮地户"的说法，天门与地户相对。《楚辞·九歌》中又有"广开天门"之说。《淮南子·原道训》："是故达于道者，反于清静。究于物者，终于无为。以恬养性，以漠处神，则入于天门"。清心寡欲的人才能得道入天。"天门"在汉画像石中往往以双阙的形象出现，有的在双阙中明确刻以"天门"二字。四川石棺以及铜牌中屡有此类画像，绝大多数刻于石棺前端，天门完整的配置即标准形式是天门前面有人、天门顶上有鸟，简略形式则是仅有双阙，或双阙前或中间有人（图3-1），或双阙上有鸟，最常见的是双阙。①

图 3-1　郫都区汉代一号石棺双阙画像石拓本图片（课题组采集于国家图书馆，2017.12）

中国古代观察自然现象是粗疏的、直观的、感性的，不可能真正认识天体的本质。汉代人仰观天象，俯察人文，只能用"具象"的事物来表现抽象的概念和万物，而用眼前的住宅来比附宇宙，便清楚明了。宇宙的抽象与"具象"，天地的生成与演变，近在眼前。

宇宙既然是可以把握的，那么在现实社会中便可以去表现它，驾驭它。秦汉都城、宫廷建筑居所的象天，便是在这样的背景下产生的。一般的居民虽然没有资格象天，但民众也希望得天地之恩泽，期盼富贵、长寿、升仙，于是便寄托于

① 罗二虎.汉代画像石棺，成都：巴蜀书社，2002:189。

日常生活的起居用具中，如在铜镜上雕刻"长生无极""长生未央""延寿长久"等各类吉祥用语。说明这种思想在社会上具有非常广泛的影响。

（二）"事死如事生"的丧葬观念

在汉代的世俗生活中，生死往往与家的血缘亲情、人性和礼仪规范等诸多因素联系起来，人们常常重视丧葬的过程。

人们对亲人离去后的亲情难以割舍，总是有痛彻肝肠的感受。《吕氏春秋·节丧》："凡生于天地之间，其必有死，所不免也。孝子之重其亲也，慈亲之爱其子也，痛于肌骨，性也。所重所爱，死而弃之沟壑，人之情不忍为也，故有葬死之义。葬也者，藏也，慈亲孝子之所慎也。以生人之心虑。以生人之心为死者虑也，莫如无动，莫如无发。无发无动，莫如无有可利，此之谓重闭。"如1934年山东省东阿县西南铁头山村出土的石桐堂的门柱石，石柱为芗他君祠堂的门柱，高119.2厘米，宽33.5厘米。柱身四面刻有人物、动物画像，底部连刻神兽，雕刻精美。正面上半部刻文字。最上方刻"东郡厥县东阿/西乡常吉里/芗他君石祠堂"3行17字，类似于碑额，是生者为死去的父母所建，下刻正文11行，计400余字，记载芗他君事迹以及采石、石料加工、刻画过程及费用等，真切地表达了对父母的眷恋之情。

图3-2 东阿芗他君祠堂汉画像石柱图片（课题组采集于故宫博物院，2018.02）

汉代人认为人间生机勃勃，冥界阴森恐怖，而仙境缥渺令人向往。将人间的生活图景与人们想象中金碧辉煌的宫殿，祥云缠绕周身，如入仙境一般，在室中予以尽情地展示，冥界的阴森感在一定程度上，可以被消融化解，画像石、画像砖便应运而生。

汉代人对于阴宅的选址与建造较之阳宅似乎更为重要。在人们的意义中，它担负着庇佑后代、子孙昌盛、家族兴旺的重任。汉墓中刻的"富贵宜子孙"便直白地表达了这种心愿。东汉学者张衡，在《冢赋》中描绘了对自己墓地的设想："高冈冠其南，平原承其北。列石限其坛，罗竹藩其域。系以修隧，洽以沟渎。曲折相连，逶靡相属"。张衡此赋描写的墓地地理环境优越，墓园宽敞，翠竹环绕，祭坛居中；子孙后代祭祀不绝，象征着家族兴旺，后继有人，这是普遍存在的社会心理。

人们选择墓地一般要选高敞之地，这是一种朴素的愿望。如《吕氏春秋·孟冬记》"节丧"篇记载："古之人有藏于广野深山而安者矣，非珠玉国宝之谓也，葬不可不藏也。葬浅则狐狸抇之，深则及于水泉。故凡葬必于高陵之上，以避狐狸之患、水泉之湿"。再如《汉书·韩信传》记载："韩信，淮阴人也，家贫无行，不得推择为吏，又不能治生为商贾，常从人寄食。其母死无以葬，乃行营高燥地，令傍可置万家者"。韩信为布衣百姓时，母死，贫无以葬，却"行营高燥地，令其傍可至万家者"。访求高燥之地葬母，设想将来有万家守陵之人，表现的是韩信高远的志向和充分的自信，同时也带有一个神秘的意味。成帝建昌陵，墓址地势低，需"取土东山"引起群臣反对，谓"昌陵因卑为高，积土为山，度便房犹在平地上，客土之中不保幽冥之灵，浅外不固"，不如原来选定的陵址"因天性，据真土，处势高敞"，昌陵因此而废。洛阳北岭上众多汉墓的分布正是在这种思想下形成的，可见，无论帝王还是庶民，墓地"行营高燥地"是共同的追求。

中国古代推崇金石之固，汉代的地上石祠与地下的画像石墓，以石为材，精心雕刻，有其深厚的寓意。人们追求金石之固，希望石墓永存，香火不绝，它寄托着家族的希望。

汉代的墓室建筑呈现立体化、宅第化的特点，盛行夫妻合葬墓，均体现出"事死如事生"的观念。帝王墓园充分体现其尊贵的地位和威仪，墓地的地面建筑有象征宫殿围墙的陵垣，有供墓主灵魂饮食起居的寝殿以及四时供奉祭享的便殿，墓前有供天子、贵族灵魂出行的神道，有石像生，有高耸的双阙，高大的封土堆下边，横向墓取代了此前的竖穴墓。民间没有这样的威势，但人们也要在墓域地面上营建祠堂，在地下墓室中营构宅第化墓室，随葬"诸养生之具"，这种趋势西汉后期已经出现，东汉中后期非常普遍。

南阳唐河发现的王莽时期冯君孺人画像石，是一座夫妇合葬墓。该墓在不同的门柱、门帽、门上等处清楚地刻出"车库""西方内门""北方""东方"等字（图3-3），夫妇安寝于此。有学者指出，该墓极为清楚地反映了中小型砖石文字画像墓的宅第化过程，西汉早期流行平顶空心砖墓，至西汉中期，由于夫妇合葬墓的出现，刺激了墓室构筑的立体化发展，正是因为合葬的需要，刺激了墓室构筑的立体化发展，于是两面坡式的屋顶状基室取代以往的平顶墓，以至于更像夫妇生前共处一室的景象。汉画像石、画像砖产生于汉代的宇宙观与丧葬观念，在追求这些观念的同时，汉画像石、画像砖表现出永恒的艺术形式。

图 3-3　冯君孺人汉画像石墓文字拓本图片（课题组采集于国家图书馆，2017.12）

二、我国石刻的分类

石与工艺设计文化关系甚为密切，是工艺设计文化原始状态形成的最早最具规模的使用材料，工艺设计文化的形成与石器的使用、石洞穴建筑的利用修造是分不开的，在工艺设计文化原始状态的发展过程中，石的使用有突出的特点，石刻分类主要有：

（一）陵墓石刻

我国古代自商周起逐渐形成了一套等级分明的陵寝制度，陵墓石刻就是随着陵寝制度和丧葬习俗的发展而成为其重要组成部分的。陵墓石刻大致分为两类，地下和地上石刻。地下石刻为墓室内实用性和装饰性石刻，如汉代的画像石即作为墓室构件嵌置于墓门及四壁上面，刻有内容丰富的各种图画；还有石棺、石椁等葬具，除了本身具有艺术性的造型外，还刻有各种图案装饰。这些画像石及各种刻饰多采用减地平雕及线刻的手法，镌刻精美，有着鲜明的时代特色及装饰效果。

地上石刻主要是陵园、墓葬前的仪卫性和纪念性石刻。仪卫性石刻是在陵墓前神道两侧按一定的规制置放的石人、石兽等，起着保卫及仪仗作用。纪念性石刻则是为了纪念某个事件而专门雕刻的，如唐太宗昭陵墓前雕刻的"昭陵六骏"等。这些石刻体量硕大、造型生动、威严肃穆。

（二）宗教石刻

宗教石刻是指石窟寺、寺庙及民间供养的各种宗教造像及与之相关的雕刻，以佛教石刻为主。佛教自汉代传入我国后，其传播形式除了经典文字外，还有"以像设教"，这一形式更易为人们所接受、膜拜，因此促成了南北朝以降造像之风的盛行。我国现存大量北魏至隋唐的佛教造像及道教造像，其中北朝时期的多为造像及造像碑，以开龛造像、浮雕为主，隋唐的寺庙造像多为单体圆雕，这些造像种类较多，雕刻精美，时代特色鲜明，反映了佛教造像由外来形式向中国风格的演变过程。

（三）其他石刻

我国古代石刻除上述陵墓石刻和宗教石刻外还有很多实用性石刻，如宫殿、门阙、牌坊、桥梁、寺庙等各种建筑构件上的石刻，以及在一些实用性用具上，如石灯、石函、石镇、碑首、拴马桩等也多有精美的雕刻。

三、齐鲁石刻类体育文物的界定

汉画像石是中国古代文化遗产中的瑰宝，是汉代大多没有留下名字的民间艺人雕刻在墓室、棺椁、墓祠、墓阙上的以石为地、以刀代笔的石刻艺术品。基本内容包括天象、鬼神、祥瑞、历史故事、表现墓主人身份的车马出行、表现财富的农田、牧场和作坊、生活的宅院、装饰纹带八大类，被誉为"汉代历史的画卷"。"东夷文化"与长江某些地域重合，文化的交流机会较多，石板建筑的传统得以发展，墓葬建筑成为重要的传播方式，齐鲁区域汉画像石主要产生于这两个文化地带是有其历史渊源的，其描写的是另一个世界的存在，成为特殊的画面载体，昭示着人们对于阴阳与生死的思索，为众生信仰的崇拜者提供了完整的生活场面和丰富多彩的生活细节，也表达了主人的享乐生活和精神需求。

齐鲁区域留存了大量汉画像石遗迹，因其分布广泛，又有"小敦煌"的美称。代表性的是位于山东嘉祥县城南15公里武翟山村的武氏墓群石刻，即武氏祠，是东汉末年（147—189 年）武氏家族墓地上的石构装饰建筑，现存石狮一对，汉碑两方，汉画像石46块。汉画像石内容之广泛、思想内容之深邃、雕刻技术之精湛，居全国汉代画像石之前列，1961 年被国务院公布为第一批全国重点保护文物单位。

从题材内容上看，武氏祠画像可大致分为神话传说、经史故事、现世生活三种类型。神话传说部分，极为瑰丽精彩，主要包括：人类始祖、仙界领袖及远古帝王；天界水府"自然神灵"；龙凤图腾、仙人出行及"四方神灵"等；各种奇禽异兽、祥瑞灵异。经史故事部分，内容最为丰富，占据数目最多，主要包括：帝王诸侯；圣贤名臣，例如孔子见老子一石；刺客，例如荆轲刺秦王一石（1999 年国家发行历史纪念邮票，即选取此图像）；孝子贤孙，例如曾子、闵子骞、孝孙原穀等；义士善人；贞妇烈女。现世社会生活部分，最为逼真翔实，主要包括：车马出行、人物聚会、谒见讲经的场面；庖厨宴饮、切割屠宰、汲水和全面生活图景；狩猎捕鱼的劳动场面；乐舞百戏、杂技棋艺、武术格斗等；军事战争场面；楼、阁、亭、台、阙、桥梁等建筑物。

上述三类题材，综合全部画面内容，描绘、反映了丰富的社会历史内涵：第一，展现了一部人类社会的发展史；第二，展现了华夏各民族的大团结、大融合；第三，展现了皇室朝纲更迭兴替中的宫廷斗争；第四，标榜众多的忠孝主义、礼智信的事迹与楷模，典型地再现了修身、齐家、治国、平天下的纲领和蓝图；第五，展现了汉代社会的风俗习尚；第六，展现了当时的经济、军事及科学技术的发展水平。

武氏祠画像画面的内容包含了政治、经济、文化、军事和社会伦理、道德等诸多方面，既是汉代社会的一个缩影，又透视了历史文化的积淀和社会发展轨迹，是中国历史上的一部"百科全书"。尤其是其中的历史人物故事最为丰富，有中国汉画像石人物看山东，山东看武氏祠之说，有着极高的收藏价值。

综上，齐鲁汉画像石所呈现的每一幅社会生活和竞技娱乐画面，都是人们认为将要在彼岸出现的真实场景，为逝者开辟创造了另一个神奇世界，可以充分追溯人们的审美意识形态和民族精神核心，就像一面历史的镜子展现了先人们崇尚生活的场景画面，有浓郁的民族色彩和时代特征。同时，其直观丰富的古代体育活动场景图像，不断吸引着体育史学者们的研究兴趣。本研究将齐鲁石刻类古代体育文物界定为汉代至清末时期留存和出土于该区域的古文化遗址、古墓葬、古建筑、石窟寺中雕刻有体育活动画面图像的古代艺术作品，以汉画像石最具代表性。

第二节　齐鲁石刻类体育文物的调查考释

齐鲁画像石是我国汉代画像石艺术的杰出代表，记录了汉代社会生活的方方面面，同时包含了汉人对自身身体以及身体活动的理解与展示，以质朴深沉的民族本土意识成为世界古代艺术宝库中的瑰宝。目前齐鲁地域有半数以上的县市出有画像石，数量达三千石之多，在全国汉画像石中具有极强的代表性。[①]

一、齐鲁石刻类体育文物调查

（一）汉画像石

我国学者将汉画像石分布划分为五大区域。第一分布区是由山东省全境、江苏省中北部、安徽省北部、河南省东部和河北省东南部组成的广大区域，其范围以山东省西南部和江苏省西北部的徐州市为中心，东起海滨、西至河南省的安阳和永城一线，北自山东半岛的北端、南达江苏省的扬州，汉画像石的发现地点已达200余处，这个地域所发现的汉画像石数量占全国汉画像石总数的60%以上。第二分布区是以南阳市为中心的河南省西南部和湖北省北部地区，其范围北起河南省的叶县、里城，南至湖北省的当阳、随县，汉画像石出现时间可以早到西汉

---

① 瓯燕.评介《山东汉画像石研究》[J].考古，1984年（9）。

中晚期之交，是汉画像石的最重要的发祥地。第三分布区是陕西省北部和山西省西部地区。第四分布区是四川省和云南省北部地区，集中分布在长江支流的嘉陵江和岷江流域。第五分布区是河南省洛阳市周围地区。由此看来，汉画像石分布较为密集的中心地区是鲁中、鲁南、徐州、南阳，其次在陕西、山西、四川等地的部分区域。

由调查可知，在全国分布最广的鲁中、鲁南地区的近60个县市区均发现了汉画像石，主要有：济宁嘉祥（兼有石阙）、藤县（今滕州市）、邹县（今邹城市）、微山、曲阜（即今曲阜市、兼有石阙）、兖州（今兖州区）、泗水、汶上、鱼台、金乡、临沂、平邑（兼有石阙）、沂水、沂南、费县、苍山、郯城、临淄、泰安、莱芜（今改市）、新泰（今为市）、平阴、邹平（今为市）、潍县（今为潍城区一带）、昌乐、安丘（今为市）、五莲、寿光（今为市）、高密（今为市）、益都（今为青州市）、即墨（今为市）、蓬莱（今为市）、牟平（今改为区）、福山（今为区）、惠民、广饶、禹城（今为市）、济阳、乐陵（为汉画像砖）、掖县（今为莱州市、为汉画像砖）、聊城、东阿、梁山（兼出壁画）、巨野、成武、济南、历城（今为区）、临淄（今为区）、博山（今为区）、青岛、枣庄、薛城（今为区）、峄城（今为区）等。据不完全统计，刻有体育活动图像画面的有1000余块之多。

鲁南地区的济宁、枣庄两市的汉画像石分布最具代表性，多数集中在嘉祥、济宁郊区、曲阜、邹城、微山、滕州、枣庄郊区7个县区境内，金乡、鱼台、梁山、汶上、兖州、泗水、峄城则数量较少。就嘉祥等7县区而言，画像石分布也不均匀，大体看来，它们主要集中在以下8个小区：（1）嘉祥—济宁郊区；（2）曲阜城区；（3）两城—邹城区；（4）滕州—桑村区；（5）薛城—西集区；（6）枣庄城区；（7）微山岛—阴平区；（8）侯孟—台儿庄区。8小区之外，例如两城—邹城区以西、以东的大片地方，微山县的中段，滕州—桑村区以北和西南平原地带及东部山区，枣庄城以东山区和以西的平原，侯孟—台儿庄区以北的大片平原，都较少发现画像石。

（1）嘉祥—济宁郊区：该小区西部是嘉祥境内南北走向的尖山、华林、孟良、南武山区，东部紧邻南阳湖西岸，面积约1100平方公里。画像石出土以嘉祥山区最为密集，有刘村洪福院、焦城村、杜家庄、嘉祥城内小学堂、蔡氏园、郭家庄、秋胡山、高庙、峪屯、华林村、商村、程家村、隋家庄、郗家庄、吴家庄、吕村、上华林村、洪家庙、七日山、宋山、南武山、齐山、五老洼、甸子村、疃里村、嘉祥村、狼山屯、徐村、西焦城、纸坊镇敬老院、申村、仲东村、十里铺。

该区东部集中于济宁郊区和喻屯镇附近，其中济宁郊区有济宁师专、安居镇、市电力二处、市郊、古槐办事处；喻屯镇有城南张、亢父故城等。

（2）曲阜城区：此小区以曲阜市郊为中心，东至防山一带，面积120平方公里。发现画像石的地点有：南辛村、梁公林、董庄、孔林、徐家村、张家村、旧县村、西颜林村、于家村、大峪村。

（3）两城—邹城区：本小区位于南阳湖东岸，以东西走向的大顶子山、凫山、虎山山区为中心，东达峄山、唐王山，北至邹城市郊，南与微山县两城镇、滕州岗头镇连成一片，面积800多平方公里。出土画像石的地点有：微山两城、独山岛，滕州岗头、三山，邹城高李村、黄路屯、独山村、西郭村、王屈村、郭里集、下镇头、高庄、羊山、龙水、簸箕掌村、金斗山、大故村、大阎庄、七里铺、稻洼村、柳下邑、八里河、石墙村、前营村、野店、羊场、大树村、小东章村、田家村、庙户营、王石村、邹城师范学校、邹城面粉厂、南陶城、十里铺、南落陵、县城东关、西颜庄等。

（4）滕州—桑村区：东倚大山寨山区，南接草山山区的滕中平原，面积约860平方公里。滕州城区的宏道院、卫生局、城关镇、造纸厂、东寺院、刘堌堆，城区外的姜屯、马王村、龙阳店、黄岭、东郭、黄安岭、冯卯、万庄、房庄、城头、大郭、桑村、小王庄、西户口、古庙村、千年庄、王开等地，均有汉画像石出土。

（5）薛城—西集区：南起薛城市区，北接滕州官桥、柴胡店镇，东至西集、山亭镇，位处东西连绵的黄山、火山、大山、梁山山区北麓和西麓，面积约770平方公里。出土画像石的地点有：薛城西庄、东庄、梨园，滕州柴胡店、杨楼、孔集、刘堌堆、沈仓、车站村、官桥、后掌大、大康留、东公桥、南辛、前莱村、东台、西于村、庄里、西薛河，山亭区建新、神山、马庄、驳山头、大岩头、山亭镇等。

（6）枣庄城区：北临玉古、卓山，东靠长山顶，南邻锅其山，西接枣西平原，面积约260平方公里，出土画像石的地点有：枣庄阀门厂、南安城、大尚岩、渴口、小南庄等。

（7）微山岛—阴平区：此小区位于微山湖东岸，西起微山岛，东至薛城阴平镇，为大明山、寨山西麓的平原开阔地，面积约280平方公里。出土画像石的地点有：微山岛沟南村、万庄，薛城南常、孙村、陶官庄、阴平镇等。

（8）侯孟—台儿庄区：西起侯孟镇，东至台儿庄城区，是穆寨山、库山、虎提山北麓的近山区，北与韩庄运河沿岸的平原相连，南跨群山与苏北接壤，面积约 400 平方公里。画像石出土点有：邗庄、薛庄、贺窑、李庄、泉源村、后楼、杨家埠村等。

济宁、枣庄汉画像石分布区域形成的原因，主要有以下三点：

第一，地理环境的原因。八小区无一例外靠近山区和山区与平原的接合地带，最远的出土地点离山也不超过 15 公里，这对微山湖周围的低洼地势来说，正适合人们居住和农业发展。而且倚山采石，运输方便，利于筑造画像石墓与祠堂。金乡、鱼台、梁山、汶上、兖州以及邹西、滕北、台北等大片平原地带，则没有如此便利的自然条件。

第二，政治、文化中心的作用。八小区皆是汉代县廷或侯国所在地与近郊区，是当时本区域内政治、经济、文化的中心。例如，嘉祥—济宁，西汉设有爰戚国（嘉祥县城东南）和亢父（济宁市西南）、任城（济宁市东南）二县，东汉又设任城国和亢父、金乡（今金乡城北）二县。曲阜城区，一直是汉鲁国、鲁县的所在地。两城—邹城区，西汉时有橐（微山县两城镇）、驺（峄山前）、南平阳（今邹城市）三县，东汉橐县改为高平国，驺、南平阳二县不变。滕州—桑村区，西汉置蕃（滕州西南）、合乡（山亭西北）二县，东汉延续。薛城—西集区，西汉置薛县（薛城北）和昌虑侯国（滕州东南），东汉不变。枣庄城区，西北部在西汉时为新阳侯国，南部于两汉期间置承县。微山岛—阴平区，西汉封建阳（峄城西南）、阴平二侯国，东汉除建阳、仍保留阴平。侯孟—台儿庄区，西汉设都阳国（台儿庄西北）和傅阳县（台儿庄西南），东汉除都阳，傅阳由东海国割给彭城国。

第三，不同的工匠集团传统。从小区各不相同的雕刻技法和风格特点分析，当时各区的工匠们似乎各自保持着相对独立的活动范围。他们以雕石刻画为业，父子相传，师徒相授，门户之间各有自己的传统。我国古代手工业中的这种情况是普遍存在且历时久远的。

（二）石造像

由调查可知，2001 年 8 月，泰安市泰山岱庙雨花道院翻修马道时，发现了 6 块"土衬石"。初步考证，"土衬石"是一种石护栏（单钩栏）的构件，后因故拆除后被垒砌在了马道的底部，由出土时的地层关系及钩栏的形制特征看，为宋代遗物，共计有 14 幅宋代婴戏石刻，画面呈现的内容是宋时儿童戏耍的情景，内容包括《捶丸图》《踢瓶图》《戏鼓图》《狮戏图》《双鹿图》《双羊图》等。石刻画为剔地起突，形象造型浑厚朴实，其中的《捶丸图》画面上一童子分腿而立，右手执球，左手执一月形球杖上举（图 3-4），反映了宋代捶丸的场景，这与在宋代古文献中，常有的对儿童戏耍的描写相吻合，但形象的画面却较为少见。《捶丸图》石刻画中的儿童举止端庄，身体舒展，体现了捶丸运动调养精神、陶冶情操的宗旨，该图的发现是我国宋元时期流行捶丸活动的有力证据，具有弥足珍贵的历史价值和史料价值。

图 3-4 宋代儿童捶丸石刻图片（泰山岱庙 2001 年 8 月出土，课题组实地考察采集，2017.08）

另一处为长清区灵岩寺墓塔林，堪称是一座罕见的石刻艺术博物馆。塔座束腰的雕刻尤其讲究，雕刻着各种内容的艺术形象。有的雕刻着承重的力士，它们个个在重压下张着大嘴，面部扭曲，瞪圆双眼，眼珠似要迸出，四肢与腰背弯曲，全身的肌肉突起，给人以力量的感受及拼命托扶的艰难感觉（图 3-5）；有的雕有骑士跨着雄狮、手持曲棍击打彩球的打马球场面，古代称"击鞠"；有的雕有玩耍嬉闹的幼狮，有的雕有衣带飘逸、挥舞长绸起舞的场景。

图 3-5 长清区灵岩寺墓塔林力士石雕图片（课题组实地考察采集，2017.08）

图 3-6　长清区灵岩寺墓塔林骑狮击鞠石雕图片（课题组实地考察采集，2017.08）

二、齐鲁汉画像石体育文物考释

据史料记载，汉代时期齐鲁地域的身体活动丰富多样，蔚为大观，是我国古代体育活动内容发展的重要时期，且我国古代主要的体育活动，大多能在这一时期找到自己的初始形态。如沂南北寨村《乐舞百戏图》、安丘董家庄石墓的《乐舞百戏图》、嘉祥五老洼出土的《风伯、胡汉交战图》、邹城郭里乡高李村出土的《胡汉交战图》、嘉祥武氏祠《水陆交战图》等画像石中均有展现体育活动的画面。

（一）齐鲁汉画像石中刻画的体育活动举隅

1.《乐舞百戏图》中的体育活动

乐舞百戏是汉代文化活动的重要内容，汉武帝曾以规模宏大的乐舞百戏表演向域外宾客展示汉代雄大国势。内容包括摔跤、扛鼎等各种角力竞赛，跳丸、走索等杂技艺术，吞刀、吐火、分身易形等幻术，以及驯兽表演和各种化装歌舞，这些都是民间祭祀活动及节日庆典中不可或缺的表演内容。从汉代杂技俑及汉墓壁画、画像石有关"百戏"的图像中，也可见一斑，齐鲁汉画像石以图像的形式对之加以记载，其中沂南北寨村和安丘董家庄石墓的《乐舞百戏图》规模宏大，内容丰富，堪称汉画像中集中展示百戏场面的双璧。①

---

① 杨宇全.以山东出土的汉画像石为例谈汉画像石上的杂技"绝活"[J].杂技与魔术，2012(01):52-53,61.

（1）沂南北寨村墓的《乐舞百戏图》

山东沂县画像石的突出特点是风格多样、场面宏大。1954年在山东沂南县西八里的北寨村发掘出土了一座汉代石墓，该古墓规模宏大，结构复杂，画面内容极为丰富，尤其是表现当时的乐舞百戏，场面热烈，表演生动险绝，内容包括跳丸、跳剑、都卢寻橦、七盘舞、龙马负图、走索、戏豹、鱼龙曼延、凤凰来仪、马术、戏车等，简直就是一幅展示汉代百戏的全景画卷（图3-7）。

图 3-7　沂南县北寨村东汉墓《乐舞百戏》汉画像石拓本（课题组实地考察采集，2017.08）

该幅巨型石刻"百戏图"，从左到右可分为四个部分：第一部分是"跳丸、跳剑"和"戴竿"表演的画面（位于全景图左侧，图3-8、3-9为局部图）。左上角有一留长须的人在抛扔四把剑，其中三把悬在空中；下面一人双手舞着两根长带，上面有五个球。类似的表演节目在山东已发现的汉画像石中可谓比比皆是，它即是后世杂技中的手技表演。接下来，画面稍右有一人额上顶着一根十字型的长竿，竿上横木两端有两个全身倒悬、正在做翻转表演的小孩，竿的顶端有一圆盘，有一小孩用腹部撑在圆盘上做旋转表演。而且顶长竿的人，足下还有七个圆形复盘，表现了顶竿者不仅头顶载有三人的长竿，足下还要留意踏着七个复盘，以增加表演的节奏感和惊险性，史书还将此种古老而独特的舞蹈形式称之为"七盘舞"。

图 3-8　跳丸铃、跳剑汉墓画像石拓本（课题组实地考察采集，2017.08）

图 3-9 戴竿汉画像石拓本（课题组实地考察采集，2017.08）

　　画像石中的第二部分为乐队，说明当时的杂技表演已有较为完整的乐队演奏形式，已脱离了单调的技巧展示而步入了相对成熟的表演阶段。乐队中一人击磬，一人撞钟，一人舞动双锤在击带羽葆的建鼓。下面有三排坐在长席上奏乐的人：后排四人，最后一个在弹琴，另两人，一人吹埙，一人端坐，最左一人在吹笙；中排五人，最右一人在打一个小鼓，中间三人吹排箫，最左一人也在吹埙；前排五人，均为女乐，最右一人手拿短棍在作指挥，其余四人前面均放置着四个鼓，中间三人以右手指按鼓，作敲打状。画像石的第三部分是走索表演（位于全景图中部，图 3-10）。画面中有三个女子行走在绳索上，中间的一个两手据绳上，两足朝天，正在做拿顶动作。绳下面还插有四把刀尖在上的尖刀，更增加了表演的难度和惊险性。"走索"即"走绳"，后来随着发展，又分为软绳和硬绳两种，这即是后世我们常见的走钢丝绳表演的前身。走索表演的下面是"鱼龙曼延"之戏（图3-11），即由艺人饰为鱼、龙、象等，来表演节目，供人们娱乐。《汉书·西域传赞》作"鱼龙曼衍"。颜师古注："蔓延者，即张衡《西京杂记》所云'巨兽百寻，是为蔓延者也。'鱼龙者，为舍利之兽"。虽然此时的鱼只是由人扮演的道具，然而可以看出鱼在人们心目中的地位。画面上显示的是三人出场，坐在长席上，右一人吹笛，中一人打拍，左一人端坐。下面一人装扮成一只凤凰，前有一人手持一株枝叶扶疏的树在向"凤凰"舞弄着，此种表演即古文献中常提到的"凤凰来仪"。画面左上一人戴着假面，前面一人对着他，双手据地，双足朝上在表演拿顶翻筋斗。下面有一条大鱼，其右傍立有两人，左旁有一人半跪，并用右肩扛着鱼，三人右手均举着小摇鼓在摇。鱼的前面有一背上驮着瓶子的"龙"，一个女子站在瓶口之上，手持带流苏的长竿在舞弄。"龙"的前后各有一人，左手拿着短梃，右手举着摇鼓在摇，这是一种规模和场面都很盛大的表演。

图3-10　绳技技巧汉画像石拓本（课题组实地考察采集，2017.08）

图3-11　鱼龙曼延汉画像石拓本（课题组实地考察采集，2017.08）

　　画面的第四部分则是马戏和鼓车表演。表演马戏的为一女子，双手握在正在奔腾、带鞍的马背上，两足腾空，右手还持一戟（图3-12），其对面另有一女子，站立在奔腾的马背上，玩弄着一根带流苏的长绳（类似现代的水火流星）。下面有一架三匹马拉着的大鼓车，马正在奔驰，御车的人坐在车厢前面，左手握着六辔，右手持着一条鞭，车厢内立有一高杆，杆中段贯穿一横置的大鼓，厢内坐着的有四人，前两人吹排箫，后面右一人举着双锤在敲打横在他前面的小鼓，左一人在吹笛，大鼓上面有带许多结的流苏披拂下来，可能为羽葆，再上面有一平板方架，架左右各垂流苏，板上有一小女孩，双手插板上，两足朝天拿顶翻腾，车厢内前部分竖一根带流苏的橦,上有方板,比中间的方板更高,大约那小女孩可以从此板跳到彼板上去(位于全景图右侧,图3-13)。鼓车的后面有三人立着,前面放置三个鼓,三人左手各持长桄,极可能是用来打鼓用的。

图 3-12　马戏画像石拓本(课题组实地考察采集,2017.08)

图 3-13　鼓车技巧汉画像石拓本(课题组实地考察采集,2017.08)

从画面分析考释可见,沂南北寨村汉画像石中的《乐舞百戏图》上,不但有手技——"跳丸、跳剑"、竿技——"戴杆"、绳技——"走索"、大型的兽舞——"鱼龙曼延"、惊险马戏——"戏车高橦",还有迄今已失传的独特而又难度极高的"七盘舞",堪称一幅奇险绝伦"百戏角抵图",今天活跃在舞台上的许多杂技节目都能追寻到其过去发展演变的影子,而且整幅画像雕工之精美、线条之流畅、内容之丰富、场面之生动,不仅在齐鲁,就是在全国所发现的现有的石刻"百戏图"中也颇具代表性。

(2)安丘董家庄墓《乐舞百戏图》

1959年,在安丘凌河镇董家庄村北发掘的汉墓中室室顶北坡西段《乐舞百戏图》画像石场面宏大，描绘了一幅欢腾的动态景观，画面布局合理，博而不乱，在百戏画像石中具有极强的代表性（图3-14）。画面左上方刻有乐舞表演，中间二人对舞，其中一人敲鼓，一人舞长巾，刚健与柔美融于一体，二人左侧为两位观者，右三人坐于席上击铙、鼓伴奏，乐舞者下方是仙人六博，中置一套博局，环绕六人，两人对博，四人围观，皆为羽衣装束，分为三组，两两相对，直观地表现了六博游戏的玩法，其中两人离局踞坐，曲臂俯身对玩，两人长踞，一人曲臂，另一人伸臂，格局而博，另两人近局，对膝踞坐拥博；仙人六博的右侧是一人骑马出行，左右各有一人跟随；骑马出行的下方是一人表演飞剑掷丸，一人倒立，六人坐观；画面右边刻画都卢寻橦表演，由一人双手托举一个高竿，竿上有一根横木，与竿呈十字形，竿的顶部有一圆盘，2童沿竿而上，横木上面有2童做下腰动作，4童做倒挂动作；都卢寻橦表演的右侧是跳剑飞丸，表演者右足、左右双手各有1球抛到空中，同时有3把剑亦在空中飞舞，在跳剑飞丸的下方是倒立表演和瑞兽，右侧有欣赏的观众。

图3-14 安丘董家庄汉画像石墓系《乐舞百戏》局部拓本（课题组采集于国家图书馆，2017.12）

董家庄的《乐舞百戏图》内容博而不乱，整个画面留白处刻画了仙人、珍禽、瑞兽，不仅场面恢宏，人物众多，而且充满仙气。画面中"都卢寻橦""跳剑和飞丸"刻画生动细致，再现了汉代竿戏、手技的最高水平。另外，画面中还有双手撑地拿顶倒立表演，似乎还有比较完整的乐队演奏，这更说明汉代的乐舞百戏表演确是一种场面热烈火爆、表演形式多样的"综合型"艺术，给后人带来深思和启发。

2.《胡汉交战图》中的武艺活动

《胡汉交战图》汉画像石最早发现于齐鲁区域,且分布广,肥城、费县、枣庄、微山、邹城、济宁、滕州、临沂、苍山、沂南、嘉祥、平阴等地均有出土,以嘉祥五老洼出土的《风伯、胡汉交战图》最具代表性。

1981 年,嘉祥县城东北五老洼出土《风伯、胡汉交战图》(图 3-15),采用了凹面线刻的雕刻技法,有风伯吹屋、车马出行、胡汉交战等内容,山东省石刻艺术博物馆馆藏。画面自上而下分为四层,第一层为风伯吹屋主题,在风伯口吹的劲风中,房屋被吹得柱折顶斜,风伯即风神,又称风师,《周礼》有风伯、雨师的记载,风伯掌八风消息,通五运气候,而风是气候的主要因素,事关济时育物,因而中国古代的风神崇拜起源较早,汉代人对风伯依然崇拜,画像石上风伯的形象也较常见;第二层为胡汉交战,刻有三对胡汉士兵持长戈戟对刺,一对胡汉士兵弓弩对射;第三层是献俘的场面,汉将凭几而坐,两汉人绑来一胡人俘虏;第四层,胡将侧面坐,一胡人禀报战况,二胡人扛弩持箭败归。

"胡汉战争"是西汉武帝时期与北方草原牧猎民族匈奴进行的大规模战争,对争战的双方都产生了巨大影响,虽然汉王朝取得了胜利,匈奴或北遁或南降,但汉王朝也因之资财耗尽、国力大伤,影响这场战争的除了国力、国策、兵力、战将、战策之外,兵器、战具也是重要因素之一,我国古代军事训练经历了重要变革,出现了单兵与单兵对抗的方式,积极促进了武艺的发展,嘉祥县城东北五老洼出土的《风伯、胡汉交战图》对研究我国古代军事训练变革和武艺的发展具有极高的考古价值。

图 3-15 《风伯、胡汉交战图》画像石(课题组采集于山东博物馆,2017.08)

3.表演、娱乐、休闲等体育活动的刻画

通过对邹县城关画像石的调查，更丰富了我们对汉代"高絙"技艺水平的认识和了解，有关"高絙"技艺史书上没有相关记载的信息，图3-16展现的是一幅在打桩固定的两根斜绳上表演行走的图像，是高絙与长竿技艺结合在一起表演的节目。看右边，上端一人侧身卧、沿索下滑，第二人沿索大步下，然后下面两人迎面上，其中一人倒立在另一人肩上；看左边，最上端一人坐于绳上下滑。史书上有记载的"绝技"，如《正都赋》记载："手戏绝倒……飞剑舞轮。"《通典》中也记载："又有舞轮伎，盖今之戏车轮者。"这里说的"舞轮"就是其中一种"绝技"，它是将车轮这样的重物抛向空中，下落的车轮在舞者的上臂和小臂之间滚动，要接住高空落下的车轮，并且控制它在身上不倒，这需要很高的技术。汉代时期，舞轮曾在相当长的时间内流行。《隋书·音乐志》有提到"倒植伎"，也即"倒立""拿鼎"，属于形体技巧范畴，它包括下腰、倒立、踢腿、跟斗等基本功。汉代的倒立可不是我们理解的这么简单，从齐鲁区域已发现的汉画像石来看，这四项功夫在汉代已基本成熟。调查中还采集到济南汉墓画像石中有艺人在飞驰的鼓车杆子顶端做倒立表演，曲阜汉画像石中有"倒植伎"的表演景象，临沂出土汉画像石中有翻跟斗和单手倒立弄球（长袖倒立乐舞）的表演图像，嘉祥武氏祠中有单手倒立、盘鼓双重单手顶的表演情景，微山两城汉墓画像石有单手跃起倒立画面，展示出的表演技巧越来越高超，难度也越来越大，由双手倒立到单手倒立，并加强了道具和节奏感，这一切都表明汉时的"倒立"技巧已是非常的高深了。

图3-16　邹县城关"倒植伎"汉画像石拓片（课题组采集于国家图书馆，2017.12）

齐鲁汉画像石中也展现了具有浓厚的生活气息休闲体育活动场景，1976年滕州市出土多处阁楼、水榭、垂钓汉画像石，如城郊马王村的水榭画像石（图3-17），画面有三格：右格水榭垂钓、下有一人划船；中格楼阙内奏乐；左格建鼓舞。官桥镇善庄的水榭垂钓、楼阁、六博画像石（图3-18），画面有三格；右格上一人打击物品，一人观看，下一辎车行驶，前一肩扛手拿棒者；中格有一亭，亭檐上有鸟，亭下三人，中一人为执盾者；左格垂钓。

图3-17　滕州市马王村水榭画像石（课题组实地考察采集，2017.08）

图3-18　滕州市官桥镇善庄水榭垂钓、楼阁、六博画像石（课题组实地考察采集，2017.08）

（二）汉画像石中呈现的齐鲁古代体育文化变迁

以汉画像石（砖）为代表的齐鲁石刻与石雕体育文物，蕴含特殊的身体观念和运动技术形式，丰富多样，蔚为大观。一方面，身体活动的礼教色彩有所淡化，其娱人或自娱的功能得以彰显，朝娱乐化方向发展；另一方面，随着武艺的演进与发展，一是出现为适应技击技术发展而产生了为掌握器械技术的专项素质训练，二是受消闲娱乐影响，对兵械练习提出了审美要求即表演化。

1. 娱乐活动呈多样化变迁

齐鲁汉画像石中的现实生活内容是以人的活动为中心加以展现的，通过人的衣、食、住、行及交往、娱乐、战争等方面再现了汉代的社会面貌。汉画像石作为墓葬文化的组成部分，在一定程度上摆脱了现实生活中种种的束缚与限制，汉人所喜爱的娱乐生活得到了集中、反复的表现。与先秦时期的娱乐活动相比，汉代的娱乐活动种类繁多，达官贵人、下层百姓都热衷于此，并出现了以此为职业的群体。

首先，汉代娱乐活动因类别多样，又称"百戏"。汉代百戏包括步射、骑射等各种射艺，角力、器械技击、斗兽、兽斗等各种角抵，盘鼓舞、长袖舞等各种乐舞，寻橦、跳丸、飞剑、走索等各种杂技，通过角色扮演演绎的故事等等。汉代百戏的繁荣与社会稳定经济繁荣有着直接的关系。先秦时期，经济富庶、思想开放的齐国都城临安盛行着各种娱乐活动，而秦朝的暴政及秦汉交替时期的战争带来的贫困致使娱乐活动逐渐衰微。汉初，黄老思想首先由曹参在封国齐国推行，后又推行天下，加快了当地经济的复苏与文化的发展，齐国很快发展为最大的封国。由于齐国强大给汉王朝带来极大威胁，齐国被分割成不同的郡，之后，琅琊国的崛起，延续了当地的繁荣，娱乐活动也得到了广泛的开展。

其次，汉代娱乐活动受到了社会不同阶层的喜爱。汉代皇帝喜爱乐舞，汉高祖刘邦荣归故里醉唱《大风歌》；汉武帝时期李夫人因擅长乐舞而得到皇帝的喜爱。汉朝专门设立了音乐机构乐府，到民间搜集、整理各地民歌以供传唱。乐府的设立不仅为宫廷乐舞带来了丰富的民间俗乐，推动宫廷乐舞的发展，而且促进了民间俗乐的发展，使民间娱乐活动也得以推广。同时，汉代统治者"与民同乐"，经常露天举办大型的乐舞表演活动，吸引当地百姓参与、欣赏汉代乐舞，呈现出宫廷与民间相融合、雅俗共赏的特点。

其三，汉代乐舞百戏的表演者逐渐走向职业化、专业化。乐舞百戏主要是表演性娱乐活动，需要掌握极高的技艺方能进行表演。汉代人对乐舞百戏的喜爱催生了这一职业群体的产生。一方面，齐鲁地域豪门望族为了满足自己休闲娱乐的需要，家养了众多专门从事乐舞百戏的艺人；另一方面，来自民间的乐舞百戏的表演者，在技艺方面达到了极高的水平，打破了官伎独霸一方的格局。乐舞百戏表演者队伍的壮大及其技艺的高超成为举办盛大娱乐活动的重要前提。1954年出土于山东沂南北寨村"将军冢"的乐舞百戏画像石，画像上的人物达50人之多，该石集歌、乐、舞、百戏等多种艺术形式于一体，是截至目前发掘出土规模最为宏大、气势最为壮观、内容最为丰富的乐舞画像石。

可以这样说，没有哪个时代会像汉代那样，无论尊卑上下，不管四夷八方，几乎都在歌舞伎乐面前表现得如痴如醉,趋之若鹜。正是由于汉人对乐舞百戏的热爱,"百戏"成为汉代娱乐活动的专有名词,齐鲁汉画像石也大多集中展示了"百戏"的盛况。

2. 身体活动回归娱乐、休闲本质

齐鲁汉画像石如果褪去羽化升仙的梦幻色彩,其内容的核心则是汉人丰富的身体活动。从步行、骑马、乘车到烹饪、会客宴饮,从射箭、打猎到交战、厮杀,从蹴鞠、嬉戏到乐舞百戏的表演与欣赏,等等,汉人生活得到了全面展示,汉人的身体活动多样而富有生活气息。由于齐鲁文化渊源的深厚、经济的富庶、豪门望族众多,齐鲁地域的娱乐生活多样丰富,2000多块齐鲁汉画像石中刻画较多的身体活动亦与娱乐休闲活动有关。

其一,齐鲁汉画像石刻画了汉人乘车骑马出行、参与射箭的身体姿态,这类活动与先秦时期相比,礼教色彩淡薄,娱乐性增强,折射出汉代现实生活中乘车、骑马、射箭已逐渐成为人们日常的娱乐方式。车马出行是出现频率相当高的题材。汉代根据乘坐人官位的高低对车马的规格进行了具体的规定,因此,乘车骑马出行是身份地位的象征。东汉时期在墓室画像石上雕刻超越规制的车马出行图,成为部分地位不高而又贪慕虚荣的人常采用的方式。在汉画像石中射箭姿态已与礼射不同,出现了多种射箭姿态:徒步弓射动作方式有立射、蹲射、单腿跪射、折腰射、弓步射、转身背射、坐射、步行射、跑步射9种;骑射技艺有静止的骑射和行进中的骑射两种方式。[1] 由此看来,汉人骑马乘车出行以显示自己的身份和地位,与孔子倡导的六艺之"御""射"的功能、志趣已有很大的差异。

其二,齐鲁汉画像石刻画了众多乐舞百戏图景,真实表现了汉人追求享受和娱乐的社会风气。汉代乐舞百戏在商周时期已有萌芽,是供王侯将相、达官贵人娱乐的方式之一。汉代社会的稳定、经济的繁荣,以及人们享乐思想,使得乐舞百戏受到不同阶层人们的喜爱,不断发展起来。汉朝南北方文化、东西方文化的交流与融合,进一步丰富了乐舞百戏的表演技巧及内容。在齐鲁乐舞百画中,盘鼓舞动作敏捷灵动,节奏感强;长袖舞姿态优美飘逸;走索冒险刺激;飞剑、跳丸灵活巧妙;倒立、滚翻、空翻等高难度动作舒展流畅;马上站立、倒立、

---

[1] 刘朴.对汉代弓射技艺的研究——从汉画像石资料看汉代弓箭练习的各种动作 [J].山东体育学院学报,2008(10):24-28.

翻腾等骑技迅捷惊险；以及人兽搏斗勇猛激烈，等等，成为汉人宴饮享乐、节日庆典时娱人、娱神的重要方式。由于乐舞百戏具有强大的娱乐功能，乐舞百戏在汉代盛行的同时也交织着被禁毁的浪潮。汉武帝之后，汉朝国势衰微，但皇亲国戚、达官贵人无不醉心于乐舞百戏，汉帝多次禁止角抵、减乐以遏制社会的享乐风气，但乐舞百戏屡禁不止，其娱乐休闲的特征与人的自由本性相一致，在后世以不同的方式得以传承发展。

3. 身体活动趋向融合性、综合性

齐鲁汉画像石对于乐舞百戏的刻画，大多以巨幅画面的形式将各种活动容纳于一体，形成颇为壮观的《乐舞百戏图》。画面中刻画人物众多，不同的人进行不同的项目活动，通过分层、分列的方式井然有序地组织在一起。《乐舞百戏图》的构图方式，一方面表明汉代乐舞百戏因其娱乐功能而被归为一类文化现象；另一方面，齐鲁汉画像石中的杂技表演图像表明，汉代的杂技还没有成为一门独立的艺术形式，而是与音乐、舞蹈、武艺、杂耍、扮戏表演等乐舞百戏融合在一起，成为增加乐舞百戏欣赏性的重要方式。也正是由于融合性特征，使汉代杂技对后世的杂技、戏曲、马戏、舞蹈、武术、体操等表演艺术都有着不同程度的影响，同时，也进一步说明了乐舞百戏之间互融相通的特性，为古代体育的发展奠定了基础。

（1）呈现出集舞蹈、竞技、杂技于一体的综合性表演

齐鲁汉画像石对盛行的乐舞表现颇多，绝大多数属于表演性舞蹈，即由舞技高超的艺人表演以供欣赏的舞蹈。画像石舞蹈形象根据舞蹈风格的不同，主要分为两类：一类是优雅柔美的舞姿，舞者多为女子，女子在奔跃跳动时多挥舞长袖或巾、动作既轻盈潇洒又婉转轻盈，画面姿态高，有强烈的动感韵味。这一类舞蹈又叫"长袖舞"，是汉代富有特色的舞蹈之一，也是齐鲁汉画像石中出现最多的舞种。据统计，齐鲁乐舞画像石中的《长袖舞》有58幅，主要分布在济宁、枣庄、临沂地区。另一类是踏盘或鼓的豪放刚健的舞姿，舞者多为男子，这一类舞蹈或踏盘而舞，或踏鼓而舞，或踏盘鼓而舞。踏盘为"盘舞"，踏鼓为"鼓舞"，盘鼓皆有则称为"盘鼓舞"。盘鼓的数量比较灵活，根据舞者的技能与表演的场合确定，有三、四、五、七盘的，也有四盘二鼓、六盘二鼓、七盘三鼓，最多到八盘一鼓、七盘三鼓，少的仅一盘一鼓，甚至仅一鼓的齐鲁汉画像石中"盘鼓舞"画像数量约占全国的大半，盘鼓舞的动作有"跗蹋摩跌式""纵横腾踏式""退却蹈鼓、顿身倾折式""长袖踏鼓式""倒立式""跳丸式"，舞者集舞蹈、竞技、杂技于一

体，舞姿刚健流畅，画面生动童真，在"鼓舞"中具有代表性。此外，还有粗犷豪放、具有祭祀功能的建鼓舞，在齐鲁汉画像石中数量颇多。

齐鲁汉画像石众多长袖舞、盘鼓舞形象各具情态，不一而足，以静态的方式记录了汉代人对舞蹈的热爱与创造。东汉边让《章华台赋》描绘的不同的舞姿，可作为汉画像石中舞蹈形象的注释："舞无常态，鼓无定节，寻声响应，修短靡跌。长袖奋而生风，清气激而绕结。尔乃妍媚递进，巧弄相加，俯仰异容，忽兮神化。体迅轻鸿，荣耀春华。进如浮云，退如激波。虽复柳惠，能不咨嗟！"齐鲁汉画像石中舞蹈的表现形式、动作姿态以及蕴含的审美品位对后世舞蹈表演艺术都产生了深远的影响，现在舞台上的舞蹈表演依稀可见汉代舞蹈的影子。

（2）展示出技击对抗活动的综合性表演

技击是指对抗双方进行搏杀的技能与方法，齐鲁汉画像石中一个重要的题材就是以对抗、较量为核心的技击活动，如角力、对搏、斗兽以及兽斗等。

首先是力量展示画面。汉人对"力"的崇尚在画像石的角力画面中有着集中的体现。枣庄、滕州、济宁等地出土的画像石中展示了大力士掰手腕、单手举物体、拔树、蹶张等角力情景。古代的弓根据需要力量及拉开方式不同分三种：臂力拉开的称为"臂张"，用脚蹬张开的称为"蹶张"，需要运用腰部力量张开的称为"腰张"。蹶张，是古代练力项目之一，张弓表演至今仍然是力量展示的重要方式。

其次是对搏画面。双方对搏分为手搏与持械相搏两种。手搏，秦汉时又称"角力""角抵"（图3-19），即徒手搏斗，通过较力以击倒对方，是中国摔跤的早期形态。枣庄市薛城区大间巷出土的画像石中刻画了手搏一方将对手掼翻在地的情景；临沂市莒南县筵宾镇兰村出土的画像石中描绘了手搏双方对视的画面。手搏由先秦时期军事训练的方式演化为汉代不同阶层观赏的娱乐活动。持械相搏在齐鲁汉画像石中表现为双方持剑、刀等器械对练格斗。古人佩剑、击剑历史悠久，画像石中击剑表演是持械相搏中出现频率较高的画面，济宁、枣庄等地均有大量的击剑相搏的画像石出土。

图3-19 《角抵图》画像石拓本（课题组采集于国家图书馆，2017.12）

其三是斗兽画面。古人在生产生活实践中从与野兽搏斗到驯养兽类为人类娱乐，经历了漫长的过程，也积累了丰富的经验，斗兽、驯兽成为汉画像石表现的内容之一。齐鲁汉画像石中斗兽图像主要有搏虎、刺虎、戏虎、驯象、斗牛等，古代虎是人类的威胁，杀掉、制服虎是勇敢威武的体现。画像石中有的刻画了人徒手与虎搏斗的情景，其凶险令人不寒而栗；有的刻画了人持武器与虎相搏的画面，搏斗者沉着勇猛，毫无畏惧之色；有的则刻画了驯虎人徒手戏虎的情景，如，滕州市官桥镇西公桥出土的画像石，画面左边斗虎，虎一只，虎前一人举斧击虎，虎后一人一手抓虎腿，一手拿刀刺虎（图3-20）。斗兽是汉朝上层社会欣赏的娱乐节目，斗兽者的身份多为罪囚、战俘和身份低微的奴隶，在表演过程中有一定的危险性，随着历史的发展，斗兽逐渐被兽斗所取代。

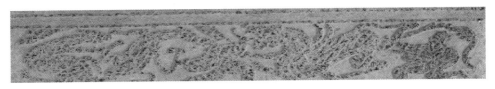

图3-20 《斗虎》画像石（课题组实地考察采集，2017.8）

其四是兽战斗画面。汉代人征服、驯养了动物之后，发展了各种斗戏以供自己娱乐。战国时期齐国盛行斗鸡、走狗等斗戏，而有关大型动物的斗戏在汉代才有了较多的记载。齐鲁汉画像石中再现了虎斗、牛虎斗、牛斗、熊斗等情景（图3-21）。画面中虎、牛等搏斗激烈，动作刻画细致微妙，颇为传神。画像石中人与人、人与兽、兽与兽的对抗不仅体现了汉人对力量、勇武的推崇，也积累了技击对抗的技术与战术，为武术套路的形成奠定了基础，为武艺表演与驯兽表演积累了丰富的经验。

图3-21 《牛斗图》画像石拓本（课题组采集于国家图书馆，2017.12）

（3）刻画出杂技动作的专训表演化

杂技是汉代百戏中的重要内容，山东出土的画像石表现杂技动作的数量颇多，沂南北寨村、安丘董家庄、微山县、兰陵县、临沂市盛庄镇、滕州市龙阳镇与岗头镇等地均有出土。画像石多将各种杂技动作融为一个大的画面，在构图上，有的采用左右分列、上下分层相结合的方式，内容繁多而不乱，如沂南北寨村、安丘董家庄的《乐舞百戏图》。有的采用由中间到两侧的方式，中间多为具有祭祀意义的大型建鼓，通过敲击建鼓对现场中的各类表演进行统一安排掌控，画面中的建鼓在整个布局中具有统领作用，在建鼓的两侧各种杂技乐舞表演分层或交叉分布，如滕州市滨湖镇西古村出土的《建鼓、乐舞、百戏图》画像石画面：中央树一建鼓，二小鼓，二人边击边跳，左右抚琴、倒立、掷丸者；左上有七首人面兽、猫头鹰；右一树，上有羽人饲凤，树旁一人及羽人格斗、猴子、祥禽，四周双边框内填刻斜线纹（图3-22）。

图3-22 《建鼓、乐舞、百戏图》画像石（课题组实地考察采集，2017.08）

　　杂技是一门通过一系列难、险、奇、美的舞台动作展示为主要内容的造型艺术，齐鲁汉画像石中刻画的杂技动作可以与现代杂技相媲美。画像石中刻画的杂技种类主要有：跳丸、跳剑等手技，都卢寻橦、戴竿等竿戏，高絙走索等绳戏，托举、叠罗汉等擎戴技，顶碗、瓶、壶、罐等碗瓶技，以及马术、柔术、幻术等。跳丸、跳剑是将多枚丸、多把剑抛起交接、连续流转的技能，技能要求极高。枣庄市山亭区大岩头画像石中有七丸表演，微山县两城乡画像石中有八丸抛接表演。都卢寻橦是爬上高高的长竿，并在竿上做倒立、舞动等动作，身体需要掌握好平衡，动作要求轻盈敏捷。戴竿则是由一人顶竿，并有一人或几人在竿上做各种动作，顶杆之人不仅需要力量，也需要把握平衡的技巧。微山县微山岛沟南村画像石中有七人表演的权戏，沂南北寨村画像石中有一人额上顶十字长竿的表演。高絙，即走索，后人走钢丝即源于此。走索表演不仅需要在绳索上保持平衡，而且需要做各种动作以提高观赏性。沂南画像石上的走索表演中，在绳索之下立有四把刀尖朝上的大刀，加大了难度，也增强了欣赏性。滕州市龙阳镇画像石中的擎戴技是由二人表演，下面一人将上面一人托举过头顶。临沂市盛庄镇吴白庄兰陵县城前村石墓画像石中的碗瓶技画面是艺人在做倒立动作时用头、口等身体的不同部位抛接壶、罐等器物，难度极高，表演者旁有保护者。马术类画像石的画面选取了表演难度最高的动作瞬间，在马疾驰时艺人做倒立、下马、上马等惊险动作，滕州、沂南出土的多幅画像石中展示了奔马上站立、倒立、翻腾的动作。柔术表演一般与其他杂技表演相融合，展示身体的柔性，如苍山画像石中的倒立衔壶、反弓衔壶等都是难度系数较高的柔术动作。

幻术是西域文化传入之后汉代兴起的幻化表演，即后世所说的魔术。《汉书·张骞李广利传》记载："大宛诸国发使随汉使来，观汉广大，以大鸟卵及犛轩眩人献于汉，天子大说。"颜师古《汉书注》释曰："眩，读与幻同。即今吞刀、吐火、植瓜、种树、屠人、截马之术皆是也，本从西域来"。"善眩人"，类似于现在的魔术师或杂技演员。在迄今发现的近十幅汉画像石中，均有"吐火"表演的图像。齐鲁汉画像石中的杂技表演在动作技术上具有很高的难度，最大限度地展现了汉人在身体动作姿态上唯美的一面。汉代艺人能够运用不同的方式娴熟地完成各种倒立、翻腾等动作，倒立动作有单臂、双臂、身体伸直、弯腰、分腿等姿势；翻腾动作有滚翻、前手翻、后手翻、空翻。画像石的图像刻画将各种技巧动作与不同的百戏项目结合起来，融汇于各种项目表演中，比如寻橦、戴竿、马术、乐舞、幻术、鱼龙曼延等。

齐鲁汉画像石中的杂技表演图像表明，汉代的杂技还没有成为一门独立的艺术形式，而是与音乐、舞蹈、武艺、杂耍、扮戏表演等乐舞百戏融合在一起，是增加乐舞百戏欣赏性的重要方式。正是由于融合性特征，使汉代杂技对后世的杂技、戏曲、马戏、舞蹈、武术、体操等表演艺术都有着不同程度的影响。

（4）显示出"戏象""舞象"的融合性表演

汉代乐舞百戏艺人的名称主要有"倡""优""俳""象人"。"倡"是音乐歌舞表演艺人；"优"主要是通过言语机锋以调笑的艺人；"俳"则是表演各种小型的有一定故事性、情节性的滑稽杂戏的艺人；"象人"是以化妆艺术为基础，装扮成动物、人物进行表演的艺人，这四种名称的分界是相对的，在汉代文献中多为连称或统称。[①] 由"倡""优""俳""象人"通过化装扮戏表演的小故事，即"戏

① 雒启坤.两汉民间乐舞百戏[J].四川大学学报（哲学社会科学版），1988（2）：76-84.

象""舞象",是乐舞百戏中的重要内容之一,在齐鲁汉画像石中多有表现。

"戏象"是装扮成人的表演,通过发型、衣饰等装束装扮成特定的角色,根据自身底本的内容与程式进行表演。"戏象"流传下来的最典型的故事是"东海黄公",根据历史记载,象人分别装扮成主角黄公和配角猛虎,表演了东海黄公由制龙虎、兴云雾、成山河,到衰老、饮酒过度、其术不行,直至被东海猛虎所杀的过程。临沂出土的汉画像石中《东海黄公图》选取了故事中东海黄公与猛虎激烈搏斗的情景。"舞象"是装扮成神仙或动物的表演,在祭祀或节日庆典上,象人装扮成仙人或戴上龙、虎、熊、鱼、凤、鸟等的面具,模仿仙人升天或动物争斗游戏,同时将杂技动作、幻术表演相结合,增强了舞象的表演力和欣赏性。汉代最有代表性的"舞象"表演是"鱼龙曼延","鱼龙"是瑞兽狻猊变成鱼、龙的戏法;"曼延"是彩扎巨兽,如熊、虎、怪、大雀、白象等,象人模仿巨兽的样子舞动彩扎巨兽。"鱼龙曼延"因具有代表性而成为"凤凰来仪""仙人戏龙"等这一类扮戏的代称,沂南汉墓出土的《乐舞百戏图》画像石中刻画了"鱼龙曼延"戏的画面。

汉画像石中的"戏象""舞象"等扮戏表演娱乐性强,是中国古代戏曲的萌芽,同时对民间民俗的秧歌戏、跑旱船、踩高跷装扮表演都有着直接的影响。由此,汉代乐舞百戏与表演有着很深的历史渊源,齐鲁汉画像石展现的丰富的身体姿态是汉代齐鲁民众乐舞百戏的经典动作,探究齐鲁汉画像石上的身体姿态,对认知各类表演艺术的形成与发展历程具有重要的考古学意义。

第四章 / 齐鲁陶器类古代体育文物

陶器的发明，是人类文明发展的重要标志，是人类第一次利用天然物，按照自己的意志，创造出来的一种崭新的东西，人们把黏土加水混合后，制成各种器物，干燥后用火焙烧，产生质的变化，形成陶器，它揭开了人类利用自然、改造自然的新篇章，标志着新石器时代的开端，大大改善了人类的生活条件，在人类发展史上开辟了新纪元，具有重大的划时代的意义。

🌀 第一节　齐鲁陶器类体育文物的界定

上古之民，穴居野处，生活中心都围绕着渔猎饮食，所以最初的发明为迫切需要的釜瓮之类，陶器上出现装饰，说明人类的生产力水平大有进步，解决果腹问题以外，尚有余力，于是人们开始在满足最低生活需求之外，追求美的表现。在原始社会，文字尚未完善成熟，图案形象直观性强，在当时具有标志性、装饰性等性能，所以对彩陶图案的研究也会给古文字研究提供佐证。中国自古是一个多民族聚居的国家，在原始时期，氏族部落更为繁杂，在特定的生产条件下形成了具有独特的审美需求的文化特征，它们各自有着代表氏族文化的标志性形象，也产生着不可低估的精神凝聚力量，而随着氏族文化盛衰变化，陶器装饰也出现了不同的内容与形式。

一、我国陶器产生的历史文化背景

陶器出现的具体年代，尚难确知，根据考古发掘材料估计约在 8000—9000 年以前新石器时代开始出现，几千年来一直是人类的主要生活用具，出现了红陶、灰陶和黑陶等不同品种的陶器。最早的彩陶发源地在黄河流域，尤其以陕西的泾河、渭河以及甘肃东部比较集中，甘肃东部大地湾一期文化，不仅在器型上比较规整，而且绘有简单的纹饰，是世界上最早出现的彩陶文化之一，这一时期已出现陶轮技术，制陶术已成为一种专门技术；半坡文化的彩陶略晚于大地湾一期文化，其纹饰也略为复杂，以几何纹样为主。以陕西、河南、山西三省交界地区为中心的庙底沟文化，彩陶花纹则更加富于变化，以弧线和动感强烈的斜线表现变形的动物形象，日常生活中所常见的鱼、鸟、猪以及人类自身都被作为装饰纹样，这些纹饰的描绘手法都很生动，布局合理，是原始绘画的佳作，也是研究中国绘画史的可靠形象资料。

（一）文化序列背景

1. **裴李岗文化**。1977 年在河南省新郑市裴李岗村首先发现，经碳十四测定距今约 8000 年，是我国发现最早的新石器时代遗址。与此同时在河北武安县磁山也发现同时期的文化遗址，出土陶器带有一定原始性，是中国发现最早的陶器。

2. **仰韶文化**。彩陶为其主要特征，根据碳十四测定，年代距今约 5000—7000 年。陶器皿种类主要有盆、罐、钵和小口尖底瓶等，质地有泥质陶和夹砂陶。

3. **屈家岭文化**。是继仰韶文化之后分布在江汉流域的一种文化，据碳十四测定年代距今 4000 多年。早期以黑陶为主，晚期灰陶为主，有少量红陶。

4. **龙山文化**。据碳十四测定，年代距今约 3800—4300 年，黑陶是最具代表性的器物，尤以"蛋壳黑陶"最为精美。同时，龙山文化晚期还出现用高岭土烧制的白陶。为后来原始瓷器的发明奠定了基础。

（二）历史进程

1. **商代**。商代陶器仍以灰陶为主，当时已有专门烧制泥质灰陶和专门烧制泥质夹砂灰陶的不同作坊。但到后期，白陶和印纹硬陶有很大发展，尤以白陶最为精美，纹饰采用青铜器的艺术特点，装饰华丽，弥足珍贵。同时，还出现了用高岭土作胎施青色釉的原始瓷器。

2. **西周以后**。陶器种类繁多，除陶生活器皿之外，还有砖瓦、陶俑和建筑明器等。到战国、秦汉时期，用陶俑、陶兽、陶明器随葬已成习俗。因此，制陶业更加繁荣。近年在西安发现的秦始皇陵兵马俑，在陕西咸阳、江苏徐州发现的西汉时期兵马俑，其造型之精、阵容之宏伟，为世界所罕有。

3. **汉代**。由于社会稳定，农业、手工业发展较快，厚葬风气在民间普遍盛行，制陶业大量烧造陶明器用以随葬。这时，战国时期出现的彩绘陶器得到发展，釉陶也普遍应用，同时在陶明器上用白粉、墨书文字者也大量出现。到东汉晚期至三国，瓷器的烧造技术逐渐成熟，陶器才为瓷器所取代而退居次要地位。

二、齐鲁陶与金属类体育文物的界定

大汶口文化是分布于黄河下游一带的新石器时代文化，因泰安市岱岳区大汶口镇大汶口遗址而得名，分布地区东至黄海之滨、西至鲁西平原东部、北达渤海北岸、南到安徽淮北一带，基本处于汉族先民首领少昊氏的地区，为山东龙山文化的源头。1959年于泰安大汶口遗址出土的仿生陶器红陶兽形器，在新石器时代发现的陶器中较为罕见，虽然是实用器，却造型生动，不失艺术情趣，是5000年前难得的一件艺术珍品，也是齐鲁大汶口文化独特的代表（图4-1）。

陶俑在古代雕塑艺术品中占有重要的位置，是古代墓葬雕塑艺术品的一种。在调查中采集到济南无影山出土的汉代乐舞杂技陶俑，精致的外表下依然流露出稚拙可爱、浪漫纤秀的艺术色彩，富有生活气息，并以其鲜明的时代特征、蓬勃旺盛的生命活力、艺术特有的浪漫纤秀风格和古拙之美赢得世人的称赞，乐舞杂技俑对研究中国古代的音乐、美术、体育、杂技等领域有巨大帮助，具有极高的历史价值和艺术价值。本研究将齐鲁陶器类古代体育文物界定为新石器时代至清末时期留存和出土于该区域与体育活动相关的陶器，或在其中雕刻有体育活动画面图像的古代雕塑艺术作品。

图 4-1　红陶兽形陶器（课题组采集于山东博物馆，2017.08）

第二节　齐鲁陶器类体育文物的调查考释

汉代的灵魂不灭和祖先崇拜观念，儒家思想中孝道观念，以及社会各阶层都笃信"事死如生"的丧葬观念，都使得汉代墓中随葬物品和器具呈现出其特有的时代特色。齐鲁地区汉代人生前各种日常生活中使用的器物，以及他们生活的场景被制成明器葬于墓中，进而成为一种物质文化资料被保留下来。

一、齐鲁陶器类体育文物调查

汉代民间流行的乐舞百戏表演，其表演时轻松的音乐和舞蹈，夹杂有俳优的滑稽和各种惊险的杂技艺术，常被用于日常生活中的宴饮，上至皇亲贵族，下至平民百姓，深受汉代各层次人们的喜欢，因此，以其为原型所塑造的陶俑才成为明器中常见的表现形式。秦汉时期，开始出现乐府。乐府继承了周朝的采风制度，既搜集、整理、改编民间音乐，也集中了无数乐工在宴会、郊祀、节庆等重要场合的演奏。被用于演唱、表演的歌词，就是乐府诗。它从一唱三和地清唱，逐渐发展成大规模的演唱，参与人数越来越多。乐府音乐在兴盛的同时带动了乐舞的发展，汉朝良好的社会环境和氛围，为乐舞的表现和发展提供了更大空间。当时的乐舞种类繁多，而且表演的舞者中，男女都有。汉代社会稳定，经济繁荣，特别是各民族间的文化交流，使得乐舞艺术得到发展。尤其是乐府的设立，使得俗乐得到全面的发展，融合百戏之后，更是促进了整个乐舞百戏艺术的发展。

由调查可知，齐鲁陶器类体育文物以陶俑为主要形式，为数不多，主要有莒南县大店春秋莒国墓出土的陶投壶、章丘女郎山出土的战国彩绘乐舞陶俑、济南无影山出土的西汉乐舞杂技彩绘俑、汉代六博茕（陶骰子，山东博物馆藏）、汉代舞蹈侍女红陶俑(桓台县博物馆藏)、汉代杂技柔术彩绘陶俑(桓台县博物馆藏)、北朝武士陶俑（高60厘米，山东博物馆藏）、宋代捶丸球（泰安市博物馆藏）。

二、齐鲁陶器类体育文物考释

齐鲁陶器类体育文物是该区域先人们生活的浓缩和映像，从属性来分析，其呈现两方面内容，一是体育活动器具展示类，如春秋时期陶投壶实物、汉代六博茕、宋代捶丸球；二是体育活动场面或人物展示类，如西汉乐舞杂技彩绘俑、汉代杂技柔术彩绘陶俑、北朝武士陶俑等。通过考释，可以更好地解读齐鲁陶器类古代体育文物的意义与价值。

（一）体育活动器具展示类

1.春秋时期陶投壶

1975年莒南县大店春秋莒国墓出土的春秋时期陶投壶（图4-2），是迄今发现较早的投壶实物之一，残高26厘米，腹径19.8厘米，底径17厘米，该器口沿残缺，这种壶的颈部不长，而且口大、腹大、平底，颈肩部四道凸弦纹，朱绘雷纹。

投壶是古代士大夫饮酒时博弈助兴的一种游艺项目，起源于春秋，盛于魏晋，衰于清朝，其发展历经从礼仪性到娱乐化的演变。投壶的历史可以追溯到春秋战国时期的"射礼"，是我国古代一项兼具礼仪教化与休闲娱乐的社会文化活动，从"宫廷贵族专属"到"飞入寻常百姓家"，投壶在仪式、规则、器物形制方面发生了系列变化，反映出社会思想的发展和不同时代的大众审美情趣。东汉郑玄注《礼记·投壶》："投壶,射之细也",文献中最早记载投壶史实的是春秋时期的《左传》。秦汉时期的投壶活动更加流行,已发展成为一种社会流行的"游戏",规则、游戏方法也与春秋战国稍有不同,开始向技巧性方面发展。西汉文献《西京杂记》记载汉武帝时期郭舍人投壶投中之后,箭杆可以从壶中反弹,接在手中之后再次进行投入,一投一接,连续百次不会间断。

图 4-2　春秋时期陶投壶（该图片由崔乐泉先生提供）

2. 宋代捶丸球

在 2019 年的泰山东岳庙会上,来自东平的姜爱国向泰安市博物馆捐献了宋代时期的捶丸球,分别为绞胎陶瓷质、素胎陶瓷质、五花石以及一对天然矿物染料染色的捶丸球（图 4-3）,与泰山岱庙雨花道院中出土的石刻《捶丸图》相呼应,是我国的捶丸运动比起源于苏格兰的高尔夫球前身出现时间早的有力印证,对研究我国捶丸文化有着重要的意义。

图 4-3　姜爱国捐献的宋代捶丸球（课题组采集于泰山博物馆,2018.02）

唐代女诗人鱼玄机《打球作》中描述："坚圆净滑一星流，月杖争敲未拟休。无滞碍时从拨弄，有遮栏处任钩留。不辞宛转长随手，却恐相将不到头。毕竟入门应始了，愿君争取最前筹。"在西方体育史记载中，一般认为高尔夫运动起源于14世纪的苏格兰，尔后经英格兰传至全世界，但不少中外体育史家认为，这项运动最早出现在我国的宋朝，并在元代由蒙古人或商人带到欧洲，其原因就是早在宋代，我国就出现了与高尔夫运动高度相似的竞技项目——捶丸。据成书于元代的《丸经》记载，宋徽宗、金章宗皆爱捶丸，河北巨鹿出土了宋代画有童子捶丸的陶枕，这些都印证了早在宋代，我国就产生了类似今高尔夫运动的捶丸。

（二）体育活动场面或人物展示类

1. 战国彩绘乐舞陶俑

1990年7月在章丘区绣惠镇（旧县城）北女郎山西坡上，山东省文物考古所组织发掘的1号战国古墓中，出土了一组彩绘乐舞陶俑（图4-4）。该俑由26件人物俑、5种乐器及8只祥鸟组成，人物俑包括歌舞俑、演奏俑、观赏俑等不同种类，姿态有坐有立，身高7.6—8.8厘米，表面保留着鲜艳的彩绘服饰，其中有5件男性乐工陶俑在演奏乐曲，其余全为女性舞俑。该陶俑为泥质黑陶捏制而成，加施陶衣彩绘，人物姿态各异，造型生动，风格写实，捏塑线条分明、洗练逼真，为迄今发现东周陶塑作品之佼佼者，观赏之后，启迪良多，真实再现了古代社会"齐讴女乐，曼舞轻歌"的场景，具有极高文物考古价值，对研究战国时期齐国的乐舞具有重要意义。

图4-4　战国彩绘乐舞陶俑（课题组采集于山东博物馆，2017.08）

2. 西汉乐舞杂技彩绘俑

1969年山东济南市郊无影山西汉墓出土的乐舞杂技彩绘陶俑（图4-5），杂技陶俑烧造于一个长方形陶盘上，21件陶俑或演奏、或观赏。7人登场表演杂技，姿态生动，其中两人为女子，穿长袖花衣，相向起舞；两人倒立，两手着地，上身挺直，下肢前曲，头部前伸，作"拿大顶"姿态，造型矫健稳重而有力；一人腾身而起正在翻筋斗；另一人做难度很大的柔术表演，双足由身后上屈放于头侧；表演者左前方一人，穿朱色长衣，可以转动，似为指挥。右有乐于7人伴奏，使用的乐器有钟、建鼓、小鼓、瑟、笙等；两女子长跪吹笙，其余都是男性。陶盘左右两端有7人，长衣曳地，拱手而立，作观赏状；一侧三人戴冕形冠，另侧四人头戴环形帽。整组造型较为稚拙，仅塑人体轮廓，姿态亦稍呆滞，但色彩浓艳，人物繁多，渲染出市井意趣。

乐舞杂技彩绘陶俑可谓是汉代陶塑珍品，构成了一个完整的舞台演出场面，在发现属同类内容的我国古代艺术品中年代最早，它集舞蹈、音乐、杂技于一体，布局井然有序，气氛热烈欢快，人物生动传神，再现了当时风行市井的"百戏"演出时热闹欢快的场景，成为汉代社会生活的缩影化石，具有极高的文化价值。

图 4-5　汉代乐舞杂技陶俑（课题组采集于山东博物馆，2017.08）

3. 北朝武士陶俑

南北朝时期，陶俑艺术水平有所发展，特别是北朝的陶俑，在继承前代陶塑工艺精华的基础上，吸收了外来文化与各少数民族文化艺术的特点，表现内容丰富，形式多样，尤其注重对人物表情的刻画，因而具有很高的艺术水平。从山东博物馆的展陈情况来看武士俑是人物俑的重要组成部分，再现了武士的高大伟岸的体征和当时战争盔甲发展水平（图4-6、4-7），不由让世人脑海中产生武士们征战沙场和习武强身的场景。

图 4-6　北朝武士陶俑（课题组采集于济南博物馆，2017.08）

图 4-7　北朝持盾甲胄武士俑和持盾武士俑（课题组采集于山东博物馆，2017.08）

第五章 / 齐鲁壁画类古代体育文物

壁画是最原始的绘画形式，目前我国已发现的最早的壁画是汉代作品，其分布较广，河南、山西、辽宁、河北、山东、内蒙古等地的汉墓都有壁画，画的内容有神话传说、历史故事，以及生活场景。

第一节 齐鲁壁画类体育文物的界定

目前已发现的最早的壁画是汉代作品，其分布较广，河南、山西、辽宁、河北、山东、内蒙古等地的汉墓都有壁画。画的内容有神话传说、历史故事，以及车马出行、乐舞、斗鸡生活娱乐场景等。

一、我国壁画的历史沿革

壁画的发展可以追溯到石器时代，石器时代是中国绘画的萌芽时期，伴随着石器制作方法的改进，原始的工艺美术有了发展。到了新石器时代，目光投向地处边远地区的神秘岩画，在云南沧源发现的岩画反映了人类的活动，包括狩猎、舞蹈、祭祀和战争，这个时期的"艺术家"们在绘制岩画的时候并没有任何的边界的限制，岩面也并没有做任何的处理，他们的创作是无拘无束的。

先秦时期 伴随着社会分工的扩大，各种手工业得到了极大的发展，出现了所谓的"青铜文明"。统治阶级的需要带动了美术各门类的发展，绘画当然也不例外，有了长足的发展。在殷墟也曾发现过建筑壁画的残块，以红、黑两色在白灰墙皮上绘出的卷曲对称的图案，颇有装饰趣味。西周、春秋、战国时期都有庙堂壁画创作的情况被记载下来，楚国屈原著名作品《天问》就是在观看了楚先王庙堂的壁画后有感而作的。

秦汉时期 秦汉时期是中国民族艺术风格确立与发展的极为重要的时期。公元前221年，秦始皇统一中国后在政治、文化、经济领域的一系列改革使得社会产生了巨大的变化。为了宣扬功业、显示王权而进行的艺术活动，在事实上促进了绘画的发展。西汉统治者也同样重视可以为其政治宣传和道德说教服务的绘画，在西汉的武帝、昭帝、宣帝时期，绘画变成了褒奖功臣的有效方式，宫殿壁画建树非凡。东汉的皇帝们同样为了巩固天下、控制人心，鼓吹"天人感应"论及"符瑞"说，祥瑞图像及标榜忠、孝、节、义的历史故事成为画家的普遍创作题材。汉代厚葬习俗，使得我们今天可以从陆续发现的壁画墓、画像石及画像砖墓中见到当时绘画的遗迹。

隋唐时期 隋唐时期敦煌莫高窟的壁画题材范围变得更加广泛，场面宏大，色彩瑰丽，无论是人物造型、风格技巧，以及设色敷彩都达到了空前的水平。壁画的创作中大量出现净土经变画，如西方净土变、东方药师变、维摩诘经变、法华经变等。如初唐220窟的各种经变壁画所呈现出的盛大歌舞场面，众多的人物、绘制精巧的建筑物等，使整个洞窟形成一个"净土世界"。除了经变画以外，还有说法图、佛教史迹图画、供养人像等。盛唐以后的经变内容逐渐增多，直接取材现实的供养人像身高日渐增加，占据了洞内、甬道的醒目地位。盛唐103窟的维摩变、中唐158窟的涅槃变、晚唐196窟的劳度叉斗圣变等是其中的精彩作品。晚唐156窟的《张议潮统军出行图》，更是以特有的长幅形式表现了场面宏大的人马队列，堪称巨制。

宋元时期 佛教在宋代颇为盛行，因此，寺庙建筑上的壁画仍具有相当规模，但是保存至今完整的却不多了。宋代之后，就全国而言，壁画开始走下坡路，但在部分地区，壁画仍有较大发展。山西芮城县永乐宫元代壁画场面宏大，笔意流畅，内容丰富，虽为道教内容，但是表现出当时人们的生活习俗。元代戏剧壁画演出场面的人物神态各异，极为传神。元代的统治者对宗教采取利用保护的政策，藏传教受到高度尊崇，道教亦有显赫的地位，寺院规模不断扩大，所以壁画仍显示出相当的规模，敦煌及山西一带尚有不少遗存。山水、竹石、花鸟等题材的增多，是元代壁画的显著特点之一，这与文人画的兴盛和当时艺术风尚及审美爱好有密切关系。元代墓室壁画，据考古发现，最具代表性的有山西大同冯道真墓壁画和北京密云区元代墓壁画，均绘制于元代初期。

明清时期 壁画由盛转衰，壁画的功用大多已为卷轴画所替代，所以壁画的数量和质量都有所下降。在明代，继承唐宋传统的寺庙壁画仍是壁画的主要表现形式，较之前代，明代的壁画显得更为规范化和世俗化，也显示出不同宗教和不同教派之间的融合。这一时期的壁画遗存尚多，分布于北京、河北、山西、四川、云南、西藏、青海等地。至于清代，绵延数千年的中国传统壁画已趋衰落，从事壁画的民间画工的数量和艺术素质也空前低落。

二、齐鲁壁画类体育文物的界定

古墓壁画是极为罕见的中国古代绘画艺术精品，由对齐鲁区域的壁画专项调查可知，随着新中国成立以来考古研究的复苏与发展，据不完全统计，自1953年起发现了梁山县后银汉壁画墓之后，相继又发现挖掘了嘉祥县英山隋代徐敏行墓壁画、济南市青龙山汉晚期画像石壁画墓等21处古代壁画（见表5-1）。

表5-1 齐鲁区域出土的古代壁画调查统计

序号	出土时间	名称	主要内容
1	1953年	梁山县后银汉壁画墓	人物、车马出行等场景
2	1964年	济南港沟金代墓壁画	人物、婴戏场景
3	1976年	嘉祥县英山隋代徐敏行墓壁画	出行、人物、娱乐活动场景
4	1979年	高唐县寒寨乡谷官屯村金代虞寅墓壁画	牵马出行、生活场景
5	1984年	济南东八里洼北齐壁画墓	官吏饮酒娱乐生活场景
6	1984年	济南市冶金宾馆北齐壁画墓	车马、卫士图等场景
7	1986年	济南市青龙山汉晚期画像石壁画墓	官吏生活场景
8	1986年	山东工业大学北宋建隆元年壁画墓	印染、桌椅等生活用品场景
9	1986年	临朐县冶源镇海浮山北齐崔芬墓壁画	奴兽神人场景
10	1987年	济南齐鲁宾馆元代壁画墓	春夏秋冬图、乐队演奏场景

续表 5-1

11	1988 年	济南柴油机厂元代壁画墓	二十四孝
12	1990 年	淄博市博山区神头金墓壁画	人物牵马出行场景
13	1990 年	章丘区绣惠镇女郎山明代 14 号墓壁画	花卉、侍女添油等场景
14	1994 年	司里街元代砖雕壁画墓	仿木建筑楼阁场景
15	2002 年	章丘区明四商贸楼金代壁画墓	二十四孝故事、骑马出行、公鸡报晓等场景
16	2004 年	淄博市临淄区大武村元元代墓壁画	建筑门楼纹饰场景
17	2004 年	章丘区相公庄镇小康村元代墓壁画	单层门楼建筑画面
18	2004 年	章丘区西沟头元代墓壁画	二十四孝郭巨埋儿故事场景
19	2004 年	章丘区双山镇山涧村元代墓壁画	建筑、人物生活场景
20	2007 年	东平汉墓壁画	敬献、谒见、七盘舞、斗鸡、走狗等场景
21	2012 年	章丘圣井街道办事处东姚村元代壁画墓	元代济南人的生活场景

2007 年 10 月，东平汉墓得以发掘，引来世人惊艳的目光，图像鲜艳清晰，造型比例匀称，刻画细腻精美，人物和动物的形态生动逼真，显示了汉代画匠精湛的艺术水准和绘画技巧，实在难得一见。壁画内容十分丰富，有敬献、谒见、七盘舞、斗鸡、走狗等场景，极富生活气息，若没有它的再现，当代人很难对古人的生活展开如此丰富又鲜活的想象，对研究汉代娱乐休闲民俗体育文化的价值不言而喻，作为迄今罕见的色彩精美、保存完好的彩绘壁画，东平汉墓壁画填补了山东省汉代考古的空白，也是中国早期绘画作品中的精品之作，穿越千年，它依旧绽放着夺目的光彩（图 5-1）。本研究将齐鲁壁画类古代体育文物界定为汉代至清末时期留存和出土于齐鲁区域的绘有与体育活动相关的壁画艺术作品。

图 5-1　东平汉墓一号墓全景图片（课题组采集于山东博物馆，2017.08）

第二节 齐鲁壁画类体育文物的调查考释

通过对现有齐鲁古代壁画遗存与遗迹的筛选梳理，其记载呈现的大都为民俗娱乐休闲体育活动，与古文献中的文字记载互相印证，对我国古代体育的研究具有重要的体育考古学价值。

一、齐鲁壁画类体育文物调查

现存14处古代壁画遗迹中与体育活动相关的有6处，分别是东平汉墓壁画、梁山县后银东汉壁画墓、济南冶金宾馆北齐墓壁画、济南港沟金代墓壁画、章丘区明四商贸楼金代墓壁画、嘉祥县英山隋代徐敏行墓壁画，呈现的是打马球备骑、踢毽、斗鸡、婴戏、捶丸等活动场景和武士人物形象。

二、齐鲁壁画类体育文物考释

（一）东平汉墓壁画呈现的体育活动

2007年发掘于东平县的汉墓壁画，是齐鲁地区迄今发现年代最早、保存最完整、艺术水平最高的壁画，填补了山东省汉代考古的空白。东平汉墓一号墓壁画真实反映了汉代艺术气势，呈现的与体育活动相关的场景主要有：在墓室的南北门楣上都绘制了身配武器、身体强壮、神态威严的武士（图5-2）；墓的前室南壁绘画内容有晚宴歌舞（图5-3），北壁上主要是人物、斗鸡、武士等内容（图5-5）。尤其引人注意的是经常在典籍和画像石中出现的盘鼓舞形象，舞者发髻高挽，她飞舞长袖，体态轻盈、舞姿曼妙、身形优美矫健。（图5-4）所谓盘鼓舞，就是指舞者使用盘或鼓当作舞蹈道具，舞者在放置在地面上的鼓或者盘上进行舞蹈表演，盘子的数量根据舞者的技艺而定。另一处值得一提的是斗鸡图，图中两只鸡四目相对，一只鸡脖子羽毛直立，另一只则昂首挺立，色彩艳丽，造型比例匀称，刻画细腻精美，形态生动逼真（图5-5、5-6）。东平汉墓壁画内容丰富糅合了神话跟历史、现实和神，向世人展示的是一个五彩缤纷的汉文化世界。

图 5-2　东平汉墓一号墓南北门楣武士图壁画（课题组采集于山东博物馆，2017.08）

图 5-3　东平汉墓一号墓前室南壁对饮与舞蹈图壁画（课题组采集于山东博物馆，2017.08）

图 5-4　东平汉墓一号墓盘鼓舞局部图壁画（课题组采集于山东博物馆，2017.08）

图 5-5　东平汉墓一号墓北壁斗鸡、武士图壁画（课题组采集于山东博物馆，2017.08）

图 5-6　东平汉墓一号墓斗鸡局部图壁画（课题组采集于山东博物馆，2017.08）

（二）梁山县后银山汉墓壁画呈现的体育活动

梁山县后银山山腰出土的汉墓壁画，为东汉中期壁画墓。壁画的前室有东、西、南壁，西壁上层画含果回顾的飞鸟，有赤帻红服、两手拱揖、两足如蛇尾的"伏戏"（题名），右似为宰牛的场面，下层为墓主人车马出行的场景（图 5-7），上题"游缴""功曹"及"淳于渴卿车马"，次为题名"主簿"的车马，最后一人身躯高大，执圭躬立，似为送行，再现了东汉中期官吏出行的豪华场面和艺术的发展水平。

图 5-7　梁山县后银山东汉墓壁画出行临摹图（课题组采集于山东博物馆，2017.08）

（三）嘉祥县英山隋代徐敏行墓壁画呈现的体育活动

　　发掘于 1976 年的嘉祥县英山隋代徐敏行墓壁画，是反映隋唐时期富裕生活的历史画卷，也是齐鲁地区发现的第一处隋代墓室壁画，具有非常重要的考古价值。徐敏行夫妇合葬墓在穹顶上绘制有天象图，分为东西南北四方，东方绘星星和太阳，南北两方绘制天体星辰，西方绘制星星和月亮。在山东博物馆展出的部分为墓室的四壁和门洞外壁的壁画，西壁壁画呈现的是备马出行场面，其中备骑图（图 5-8）引人暇想，学者们有不同考释，2012 年科学出版社出版的《中国出土壁画全集·第四卷山东卷》（上册第 70 页）中考释为一人执缰，一人携乐器立马后；我国体育史知名学者崔乐泉博士则考释为持球杖备骑去打马球的场景，笔者通过多方查证与观察也赞同这一观点。北壁壁画上是徐敏行夫妇宴享行乐图，特别值得关注的是前面有一人腰束皮带，带上系一球状物，正以舞蹈姿势做"盘足踢毬"。（图 5-9）值得一提的是笔者在前期对齐鲁地区体育非物质文化遗产进行了相关研究，其中国家级名录青州花键项目产生、发展及历史渊源可以得到追述。从壁画所展现的两幅图并结合隋唐时期相关的文字古文献来看，真实反映了马球、踢球已成为徐敏行夫妇富裕闲暇娱乐生活消遣的一种方式。

图 5-8 嘉祥县英山隋代徐敏行墓壁画打马球备骑图（课题组采集于山东博物馆，2017.08）

图 5-9 嘉祥县英山隋代徐敏行墓壁画夫妇宴享行乐图（课题组采集于山东博物馆，2017.8）

（二）济南港沟金代墓壁画童戏图

1999 年济南历城区港沟镇发掘金泰和元年（1201 年）古墓，其中的 1 号墓壁画有一组童戏图，位于墓室北壁仿木门楼下部中间，绘有一儿童盘坐，头部留发作"三塔头式"，短衫着裤，手持捶丸棒。（图 5-10）

图 5-10　济南港沟镇金代手持捶丸棒童戏图（引自《中国出土壁画全集·山东卷》第 109 页）

第六章／齐鲁其他类古代体育文物

由第三至五章的研究描述可知，对齐鲁区域古代体育文物进行分类界定与考释，旨在让世人领悟丰富多样的齐鲁古代体育，因此，采用综合分类法和属性分类法两种方法进行分类，主要分石刻、壁画、陶器三类进行研究与考释。考古学者一直把北辛—大汶口文化视为齐鲁地区最早的文化，但是，后李文化遗址的发掘，将齐鲁文化的发源年代向前推进了一千多年，同时整个海岱地区史前文化的谱系脉络也从此清晰地显现了出来，即后李文化—北辛文化—大汶口文化—龙山文化—岳石文化，受其影响留存的体育文物较为丰富，骨质类、玉石类、金属类、木质类等其他类别约有 67 件。

一、骨质类

关于骨质工具的历史研究，主要来自欧洲、西亚和非洲。我国一直没有这方面的发现和报道，但是，随着考古文物的出土与研究，揭示了生活在中国的远古人类已经使用骨质工具，时间至少在 12.5 万—10.5 万年前。

1. 骨凿

后李文化的典型代表是该时期的陶器和骨器，骨器有凿、匕等形状，其中的一件骨凿是将长骨劈开，两面略加修整，总体上呈长条状，横断面呈半圆形，长 13.8 厘米，宽 2.5 厘米。（图 6-1）

图 6-1　骨凿（课题组采集于淄博市博物馆，2018.08）

2. 骨镞

2003 年济南长清月庄出土骨镞，长 10.96 厘米、宽 1.41 厘米、厚 0.55 厘米，通体磨光，长圆挺、双镞身，属新石器时代后李文化遗址（约公元前 6400—5700 年），为研究我国古代骨质工具增添了物证资料。（图 6-2）

图 6-2　骨镞（课题组采集于济南市博物馆，2017.08）

二、玉石类

1. 六博玉棋子

六博，是中国古代的一种棋类游戏，因使用六根博箸以及六个棋子作为道具，故称为六博。这种活动春秋战国开始流行，在西汉时期发展到了鼎盛，成为宫廷和民间喜闻乐见的娱乐活动。"六博"，本作"六簙"，或作"陆博"，为古代博戏。

共十二棋，六黑六白，两人相博，每人六棋，故名。局分十二道，两头当中名为"水"，放"鱼"两枚。博时先掷采，后行棋，棋行到处，则入水食鱼，每食一鱼得二筹，得筹多者为胜。东汉以后，六博棋开始衰落，玩法逐渐失传。现山东博物馆收藏有 1978 年曲阜市鲁国故城出土的战国时代六博玉棋子（图 6-3），是该地战国时期贵族阶层六博棋戏盛行的佐证。

图 6-3　战国时期六博玉棋子（课题组采集于山东博物馆，2017.08）

2. 石质六博盘

汉六博盘，东汉博具。1957 年滕县（今滕州市）出土。博盘边长 35.2 厘米，盘厚 1.8 厘米，现藏山东博物馆。石灰岩雕成，质细腻，色灰白，盘呈正方形，四角之下各有一俯首蹲熊支撑。盘中心刻边长 1.3 厘米的方形凹槽，其外刻阴线方框，边长 11.8 厘米，方框外中点各有"T"形刻画；盘四角各有一方形小凹槽，与盘中心的凹槽相同；盘四边内中点及四角各有曲尺形刻画，长 3.5—3.8 厘米。六博盘的发现，为研究六博这一古代博戏增添了实物资料。[1]（图 6-4）

图 6-4　石质六博盘（课题组采集于山东博物馆，2017.08）

---

① 车吉心.齐鲁文化大辞典［M］.济南：山东教育出版社，1989：685.

3. 石围棋子

西晋时代棋具,棋子盛于一圆形泥质陶盒内,计272枚,由黑白两种自然石子磨制而成,形制有椭圆形、圆形和不规则形,光滑莹润,造型古朴自然,与现代棋子近似。1974年邹县(现邹城市)西晋刘宝墓出土,为国内较早的围棋实物资料,现藏于邹城市博物馆。(图6-5)

图6-5 西晋时代石围棋子(课题组采集于邹城市博物馆,2018.8)

三、金属类

1. 铜骰子

西汉铜骰子,1987年淄博临淄大武乡窝托村齐王墓出土,淄博市博物馆收藏。直径4.9厘米,圆形、空心,内有小铜块,十八个面,分别用银错出"一"至"十六",和"骄""妻畏"两字,每个面之间为三叉形镂孔。(图6-6)

图6-6 西汉铜骰子(课题组采集于邹城市博物馆,2018.8)

2. 铜制兵器

位于淄博市临淄区齐陵镇齐王陵附近的淄河店2号战国大墓,发现于齐国王陵区，其中拥有封土堆的"甲"字形大墓，出土相当数量的铜器、陶器共百余件，其中兵器有戈、矛、剑、戟、镞等，另有一件有铭铜戈。

四、木质类

木质类文物一般泛指古代遗存下来的木质用品，我国的木质建筑结构有独特的文化氛围，充分反映了我国古代劳动人民的聪明才智，代表着不同的历史发展阶段，为体育史研究提供了有力的物证。

1. 后李春秋车马坑

后李文化是齐鲁区域目前已知最早的新石器时代文化，首先发现于淄博临淄地区齐陵镇后李官庄村西北 500 米处的台地上。该文化类型已发现的 8 处文化遗址均分布于泰沂山系北麓的前平原地带，分布范围东起淄河东岸，经邹平、章丘，西到济南市西部的长清，东西距离超过 150 公里。其距离和时代延续之长、内涵之丰富在全国都较为罕见。其实后李文化遗址上不仅仅有后李文化，还有其他时代的文化，后李文化只是其中最早的文化遗存，其遗址最突出的特点是文化层次多而丰富，文化堆积厚达 2—5 米，由上到下共分 12 层，包含了新石器文化遗存、"两周"（西周、东周）文化遗存和晚期文化遗存三大阶段。后李春秋车马坑（图 6-7）位于淄博市临淄区后李村，其中，1 号车马坑南北长 31 米，东西宽 3.6—4 米，深 1.2—1.7 米。坑内出土 10 辆车，32 匹马。车马配套，摆放整齐，马在车前，马首向西。车辆木头已朽，但痕迹清晰，马骨架保存完好。其中 6 辆车前每车 4 匹马，另 4 辆车前每车 2 匹马。车分战车、辎重车两类，战车舆、车轮较小，4 号战车前有铜戈、矛出土。车辆有铜构件，马身、马头有铜、角、骨、贝质饰件，马饰精美，各具特色。2 号车马坑南北长 7.6 米，东西宽 3 米，深 2.1 米；殉马 6 匹，葬式与 1 号坑不同，车、马上下分葬，马上、车下。根据出土器物及地层推断，当为春秋中期或略早、国王或贵族之殉葬坑。

墓室内发现 20 余辆独辕马车，更是发掘的重大收获，根据车舆结构与用途，大致分为三类：兵车（轻车）、安车、役车（栈车）。特别是在挖掘时用石膏灌注出的许多原型标本，为研究古代独辕车的构造和战国车制提供了重要实物资料。墓室北侧并发现一座大型殉马坑，殉马数量多达 69 匹，是已发掘的齐国大墓中保存随葬品最多的墓葬之一。

图 6-7　后李春秋车马坑（课题组采集于位于淄博市临淄区齐陵镇后李官庄村北的中国古车博物馆，2018.08）

2. 木俑

山东博物馆收藏了邹城市明代皇帝朱元璋第十子朱檀墓出土的由 397 件木俑、16 匹马俑、2 辆车复原组成的仪仗队，规模宏大，队列齐整。（图 6-8）其中的牵马木俑，俑高 29 厘米，马高 32 厘米，长 31 厘米。

图 6-8　明代仪仗队木俑（课题组采集于山东博物馆，2017.08）

3. 木雕棋盘笔筒

淄博德隆博物馆收藏了清代沉香木雕棋盘对弈笔筒，宽 8 厘米，雕刻有清晰的二人分从于棋盘两侧画面。（图 6-9）

图 6-9　清代木雕棋盘笔筒（课题组采集于淄博德隆博物馆，2017.08）

第七章／齐鲁古代体育文物记载项目分类图录

齐鲁古代体育是我国古代体育的重要组成部分，其发展、演进历程始终与生产实践、军事训练、舞蹈杂技、教育传习、医疗养生等社会生活与文化形态保持着密不可分的联系。本研究实地调查齐鲁所辖区域的各地市及相关县区的博物馆及文物管理单位共计 56 所，查阅了《中国画像石全集·山东卷 1—3》《山东汉画像石汇编》《沂南汉画像石》《滕州汉画像石精品集》《沂南北寨村汉画像石书册》《临沂汉画像石》等图册，采集了 1000 多幅记载了齐鲁古代体育活动形式的文物图像资料，整理、筛选、归类，剔除重复内容最终选用 479 幅，将其分别按射箭与射弩、武术武艺与技巧、球戏、御术与马术、棋牌博弈、民俗休闲娱乐六类项目类别编制图录，以期更好地向世人展示"刚健自强、崇尚气节、勤谨睿智、经世致用、敢为天下先"的齐鲁传统文化与体育精神。

第一节 射箭、射弩类

齐鲁区域射箭、射弩类古代体育文物主要以刻画在画像石的活动图像呈现，在《中国汉画像石全集》《山东汉画像石选集》等图册中，相关活动图像刻记在狩猎图、战争图、练习图、蹶张图等画面中。

一、狩猎图

1. 沟南村狩猎、乐舞画像石拓片

原石尺寸：纵 81 厘米 横 257 厘米　　　　时代：西汉

出土地点：微山湖中的微岛镇沟南村　　收藏地点：原地保存

画面简述：画面分三格；左格，狩猎，有荷毕、张弩、执戟、放犬的猎人。

2. 庄里村狩猎画像石

原石尺寸：纵 60 厘米 横 270 厘米　　　　时代：东汉

出土地点：滕州市羊庄镇庄里村

收藏地点：山东博物馆 馆藏号：A0105

画面简述：右为狩猎场面，有人拉弓在射、有人刺鹿、有人持竿罩兔，还有二人抬猎物。

3. 前姚狩猎画像石拓本

原石尺寸：纵 73 厘米 横 225 厘米　　　　时代：东汉

出土地点：兰陵县（现兰陵县）城西向城乡前姚村　　收藏地点：兰陵县博物馆

画面简述：画面分两层；上层，狩猎，五猎人执刀、牵犬、执弩、捧竿追扑鹿、鸟。

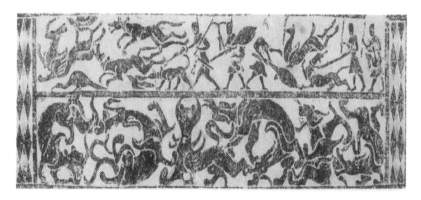

4.潘家疃山林围猎画像石拓片

原石尺寸：纵 48.5 厘米 横 233 厘米　　　时代：东汉

出土地点：费县北部垛庄镇潘家疃　　　收藏地点：原址封存

画面简述：画面上层刻山林狩猎，左、中部发矢射野猪。

5.金斗山狩猎画像石拓片

原石尺寸：纵 35 厘米 横 214 厘米（断裂）　　　时代：东汉中期

出土地点：邹城市高庄镇金斗山　　　收藏地点：邹城孟庙画面

画面简述：一骑士弯弓欲射，一人执戟刺鹿，鹿后二犬追逐；右一人勾象，象后一骆驼。

6. 孔门弟子狩猎画像石拓片

原石尺寸：纵 45 厘米 横 245 厘米　　　　时代：东汉中期

出土地点：邹城市面粉厂　　　　　　　　收藏地点：邹城孟庙

画面简述：画面分两层，上层孔门二十四弟子；下层刻有持弓狩猎。

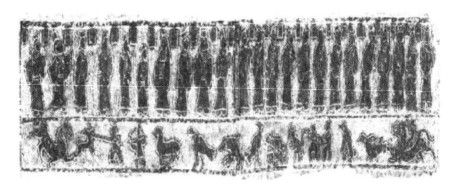

7. 董庄狩猎画像石拓片

原石尺寸：纵 74 厘米 横 128 厘米　　　　时代：东汉中期

出土地点：曲阜市董庄　　　　　　　　　收藏地点：曲阜孔庙

画面简述：画面四格，间饰穿璧纹，右下格为执弓狩猎。

8. 两城连理树狩猎画像石拓片

原石尺寸：纵 94 厘米 横 90 厘米　　　　时代：东汉中晚期

出土地点：微山县北部两城镇　　　　　　收藏地点：曲阜孔庙

画面简述：画面分三层；下层，连理枝树上有猴、鸟，树下中间一人端坐，左右各一人张弓仰射。

9. 两城狩猎画像石拓

原石尺寸：纵 70 厘米 横 65 厘米　　　　时代：东汉中晚期

出土地点：微山县北部两城镇　　　　　收藏地点：微山湖博物馆

画面简述：画面分三层；下层，大树下有骑马、坐、立的人物，一人张弩射鸟。

10. 嘉祥村狩猎画像石拓片

原石尺寸：纵 81.5 厘米 横 69.5 厘米（左上角残）　　　时代：东汉中晚期

出土地点：嘉祥县城南嘉祥村　　　　　　收藏地点：原地保存

画面简述：画面自上而下共五层；第五层刻持弓狩猎。

11. 西户口狩猎画像石拓片

原石尺寸：纵 82 厘米 横 82 厘米（左上角残）　　时代：东汉中晚期

出土地点：滕州市城东桑村镇西户口

收藏地点：滕州汉画像石馆

画面简述：画面自上而下共八层；第六层，狩猎，一人拉弓跪射。

12. 山亭狩猎画像石拓片

（1）原石尺寸：拓本纵 68 厘米 横 478 厘米（原石已亡失）　　时代：东汉中晚期

出土地点：滕州市城东山亭镇

收藏地点：滕州汉画像石馆

画面简述：画面两层；上层，群兽，虎牛相斗，胡人牵骆驼持弓狩猎。

（2）原石尺寸：纵 59 厘米 横 203 厘米

画面简述：画面两层；下层，狩猎，持弩跪射。

（3）原石尺寸：纵 61 厘米 横 136 厘米（残石）

画面简述：画面两层；下层，执弓狩猎。

13. 后徐庄狩猎画像石拓片

原石尺寸：纵 66 厘米 横 88 厘米（上、右两边残）　　时代：东汉中晚期

出土地点：滕州市姜屯镇后徐庄　　　　收藏地点：滕州汉画像石馆

画面简述：画面三层，上层为持弓狩猎活动。

14. 王开村狩猎画像石拓片

原石尺寸：纵 84 厘米 横 186 厘米　　　　时代：东汉中晚期

出土地点：滕州市城南沙河镇王开村　　　　收藏地点：滕州汉画像石馆

画面简述：画面四层；二层，持弓狩猎。

15. 董家庄狩猎画像石拓片

原石尺寸：纵 162 厘米 横 358 厘米　　　　时代：东汉晚期

出土地点：安丘市西南董家庄　　　　收藏地点：山东博物馆

画面简述：画面两层；上层狩猎，树左一人张弓射鸟，树右二人奔跑。

二、战争图

1. 风伯、胡汉交战画像石

原石尺寸：纵 123 厘米 横 82 厘米　　　　时代：东汉早期

出土地点：嘉祥县城东北五老洼村　　　　收藏地点：山东石刻艺术博物馆

画面简述：画面第三层左右二人持弓对射。

2. 胡汉交战蛇戏画像石

原石尺寸：纵 115 厘米 横 65 厘米　　　时代：东汉早期

出土地点：嘉祥县满铜乡宋山　　　收藏地点：山东省石刻艺术博物馆

画面简述：画面二层；上层胡汉交战，一汉骑兵正搭弓欲射杀逃亡的胡骑。

3. 山亭胡汉交战画像石

原石尺寸：纵 24 厘米 横 155 厘米　　时代：东汉

出土地点：滕州市山亭区西户口　　　收藏地点：山东博物馆 馆藏号：A0158

画面简述：画面右端汉军设瞭望楼，楼前二弩弓手，二骑兵追赶胡兵，胡兵尸横于野，二胡骑回头张弓远击，仓皇逃遁。

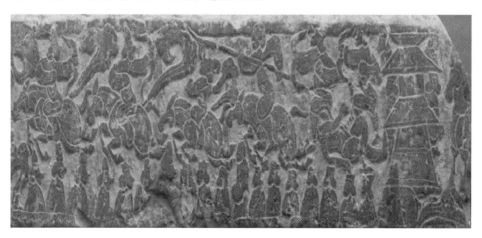

4. 大庙胡汉交战画像石

原石尺寸：纵 43 厘米 横 225 厘米　　　　时代：东汉

出土地点：滕州市龙泉街道大庙村

收藏地点：滕州汉画像石馆 馆藏号：A0108

画面简述：上层为青龙、瑞兽；下层为胡汉交战弓射场面。

5. 庄里胡汉交战画像石

原石尺寸：纵 60 厘米 横 260 厘米　　　　时代：东汉

出土地点：滕州市羊庄镇庄里村

收藏地点：滕州汉画像石馆 馆藏号：A0103

画面简述：交战场面；左侧汉军指挥车，手举刀斧钩镶、手持弓箭向前冲杀。

6. 风伯、胡汉交战画像石拓本

原石尺寸：纵 107 厘米 横 67 厘米　　　　时代：东汉

出土地点：嘉祥县城东北五老洼村　　　　收藏地点：山东石刻艺术博物馆

画面简述：画面四层，第二层右面二人弯弓弓步对射。

7.桥头胡汉交战画像石拓片

原石尺寸：纵 83 厘米 横 218 厘米　　　　时代：东汉中期

出土地点：兰陵县（现兰陵县）向城乡前姚村　　收藏地点：兰陵县博物馆

画面简述：二胡兵张弓搭箭欲射，三执矛、弓的骑兵和一车正疾驰而来。

8.城前胡汉交战画像石拓片

原石尺寸：纵 51.5 厘米 横 169 厘米（中列残）　　时代：东汉中期

出土地点：兰陵县（现兰陵县）卞庄公社城前村　　收藏地点：兰陵县博物馆

画面简述：车骑过桥，大桥上辎车接连而行，左上角一胡骑回身张弓欲射。

9. 王山头胡汉交战画像石拓片

原石尺寸：纵 21 厘米 横 205 厘米　　　　时代：东汉安帝延光三年

出土地点：枣庄市中区齐村镇王山头　　　收藏地点：枣庄市博物馆

画面简述：画面刻双方出战的士兵多持弓为武器。

三、蹶张图

蹶张亦作"蹷张"，是弩射的准备，是引拉弩弦的动作。蹶张图是以表现强有力人物的题材，具有震慑邪魔保护被葬者的作用。汉代步兵用长弓劲弩以射远，劲弩中能以脚踏弦张弓之射卒，因其动作形象称之为"蹶张"。

1. 八里河格斗、蹶张画像石拓片

原石尺寸：纵 147 厘米 横 177 厘米　　　时代：西汉平帝时期

出土地点：邹城市看庄镇八里河村　　　收藏地点：邹城孟庙

画面简述：画面左端一武士蹶张画面。

2. 龙、凤鸟衔星、蹶张画像石

原石尺寸：纵 84 厘米 横 272 厘米 厚 18 厘米　　　时代：西汉

出土地点：滕州市滨湖镇山头村出土

收藏地点：滕州汉画像石馆 馆藏号：A0440

画面简述：画面三格；左格，人物、蹶张。

3. 西户口蹶张画像石

原石尺寸：纵 138 厘米 横 75 厘米　　　时代：东汉

出土地点：滕州市西户口　　　收藏地点：山东博物馆

画面简述：整体画面共分七层；第七层刻蹶张画面。

4. 南北寨画像石中立柱蹶张画像石拓本

原石尺寸：纵 123 厘米 横 32 厘米　　时代：东汉晚期

出土地点：沂南县北寨村　　　　　收藏地点：沂南北寨汉画像石墓博物馆

画面简述：上端刻蹶张画面。

四、射鸟图

1. 孔子与项橐、武士、射鸟图画像石

原石尺寸：纵 69 厘米 横 253 厘米　　　　时代：东汉

出土地点：滕州市官桥镇善庄

收藏地点：滕州汉画像石馆 馆藏号：A0024

画面简述：画面三格；右格，一树，上有鸟数只，树下四人，二人拉弓射鸟。

2. 弓射鸟画像石

原石尺寸：纵 85 厘米 横 68 厘米　　　　时代：东汉

出土地点：滕州市善南街道东寺院

收藏地点：滕州汉画像石馆 馆藏号：A0051

画面简述：石室墓壁，树上有鸟数只，树下三人，一人立于马背上攀树，一人观望，一人张弓射鸟。

3. 张弓射鸟画像石

原石尺寸：纵 69 厘米 横 79 厘米 　　　　时代：东汉

出土地点：滕州市官桥镇善庄

收藏地点：滕州汉画像石馆 馆藏号：A0018

画面简述：画面树两棵，树尖上有鸟，空中五鸟飞翔，两树之间三人，一人拉弓射鸟，二人指点什么。

4. 大树、射鸟画像石拓本

原石尺寸：纵 67 厘米 横 66 厘米 　　　　时代：东汉

出土地点：微山县北部两城公社 　　　　收藏地点：微山县博物馆藏

画面简述：大树一株，枝头数鸟；树下系一马，一人弯弓仰射。

5.大树、羽人、飞鸟画像石拓片

原石尺寸：纵 90 厘米 横 92 厘米　　　　时代：东汉

出土地点：微山县北部两城公社　　　　收藏地点：微山县博物馆藏

画面简述：大树一株，上有羽人、凤鸟、人首鸟身者和飞鸟；树下二人张弓仰射，一人牵马。

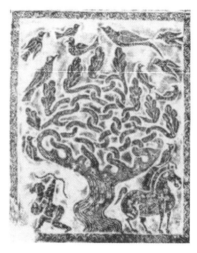

6.树下射鸟画像石拓片

原石尺寸：纵 92 厘米 横 39 厘米　　　　时代：东汉中期

出土地点：曲阜市姚村镇张家村　　　　收藏地点：曲阜孔庙

画面简述：树上一对鸟，树下二人张弓仰射。

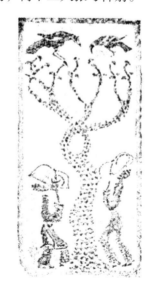

7. 跪地仰射画像石拓片

原石尺寸：纵 83 厘米 横 41 厘米　　　　时代：东汉

出土地点：邹城市大故县村　　　　收藏地点：邹城市博物馆

画面简述：大树一株，树下二人弯弓跪地仰射。

8. 射鸟画像石拓片

原石尺寸：纵 154.4 厘米 横 50 厘米　　　　时代：东汉中晚期

出土地点：济宁市城南喻屯镇城南张村　　　　收藏地点：济宁市博物馆

画面简述：画面四层；第三层，左侧一人弓步拉弓仰射飞鸟。

9. 阁楼、射鸟画像石拓片

原石尺寸：纵 103 厘米 横 128 厘米　　　　时代：东汉中晚期

出土地点：费县北部垛庄镇潘家疃　　　　收藏地点：原址封存

画面简述：多角三层楼阁一座，下层周围有栏杆，内坐主人和侍从等，两侧楼脊上有二人张弓射鸟。

10. 跪地射鸟画像石拓片

原石尺寸：纵 155 厘米 横 99 厘米　　　　时代：东汉中期

出土地点：东平县宿城乡王村　　　　收藏地点：泰安市博物馆

画面简述：画面主题明确，一人单腿跪地张弓射鸟。

第二节 武术武艺与技巧类

　　自古以来，齐鲁大地"尚武之风"兴盛，曾有齐桓公、管仲极力提倡拳勇，先进的军事思想也是独领风骚，在生产实践、军事训练及战斗技能中不断演进转化，留下了许许多多武术、武艺、练力举重、角抵、乐舞杂技活动的历史遗迹和文化遗存，以石刻、陶器、壁画居多。为更形象直观地展示，本节主要筛选器械、拳术、乐舞杂技等有身体动作画面的文物，静态的实物（如各种武术器械）在本节未做选录。

一、器械

1. 持长矛对练画像石

原石尺寸：纵 89 厘米 横 270 厘米　　　　时代：西汉元帝至平帝时期

出土地点：金乡县城东香城锢堆　　　　收藏地点：山东石刻艺术博物馆

画面简述：画面三格；左格，两武士一持剑一持长矛对练；右格一武士瞪目，左右两武士持长矛立。

2. 比武、蹶张画像石拓本

原石尺寸：纵 62 厘米 横 66 厘米　　　　时代：西汉平帝时期

出土地点：邹城市东南看庄镇八里河村　　　　收藏地点：邹城孟庙

画面简述：画面显示左右二人右手各持木棍，即以木棍代剑，左手各持钩镶做防护状，左边的人用棍击中右边人的面部，中间的裁判就在这时抓住二人持兵器的手并做出裁决胜负的状态。

3. 胡汉交战长矛对刺画像石

原石尺寸：纵 134 厘米 横 80 厘米　　　　时代：东汉

出土地点：嘉祥县满硐乡宋山村　　　　收藏地点：山东博物馆

画面简述：画面第二层为胡汉双方士兵持长矛对刺。

4. 风伯、胡汉交战长矛刺杀图画像石

原石尺寸：纵 123 厘米 横 82 厘米　　　　时代：东汉

出土地点：嘉祥县城东北五老洼　　　　收藏地点：山东省石刻艺术博物馆

画面简述：第二层描述汉人骑兵持长矛刺杀逃亡的骑马胡人。

5. 孔子与项橐、武士画像石

原石尺寸：纵 69 厘米 横 253 厘米　　　　时代：东汉

出土地点：滕州市官桥镇善庄

收藏地点：滕州汉画像石馆 馆藏号：A0024

画面简述：画面三格；中格二武士，一执刀、一挎刀。

6. 五人持剑格斗画像石拓本

原石尺寸：纵 57 厘米 横 94 厘米　　　　时代：东汉

出土地点：嘉祥县洪山村　　　　收藏地点：济宁市博物馆

画面简述：画面三层；第三层，一人持长剑立，四人各成二对持剑格斗。

7. 二人持械格斗画像石拓片

原石尺寸：纵 53 厘米 横 54 厘米　　　　时代：东汉

出土地点：微山县北部两城公社　　　　收藏地点：微山县博物馆

画面简述：二人右执刀、盾，左执刀和勾镶格斗。

8. 持刀和勾镶比武图画像石拓本

原石尺寸：纵 70 厘米 横 134 厘米　　　　时代：东汉

出土地点：邹县师范学校　　　　收藏地点：邹城市博物馆

画面简述：画面三层；中层，左侧二人执刀和勾镶比武表演。

9. 持械武士壁画

原画面尺寸：面宽 100 厘米 高 132 厘米　　时代：东汉

出土地点：东平县后屯　　　　　　　收藏地点：山东博物馆

画面简述：徐敏行 1 号墓西壁北侧壁画，有人物、斗鸡、执械武士。

10. 五彩执刀人物陶瓷盘

原盘尺寸：高 3.4 厘米 口径 21 厘米　　时代：明代

收藏地点：山东博物馆

画面简述：画面色彩亮丽，中间刻画持刀武士。

二、拳术

1. 乐舞百戏、拳术对练画像石

原石尺寸：纵 180 厘米 横 52—70 厘米　　时代：东汉元和二年

出土地点：莒南县东兰墩村孙氏墓　　　　收藏地点：山东省石刻艺术博物馆

画面简述：原石梯形，上下有榫，画面四层；第一层下部为乐舞百戏、二人拳术对练。

2. 椎牛、武士画像石

原石尺寸：纵 116 厘米 横 54 厘米　　　时代：东汉

出土地点：滕州北辛街道滕北社区

收藏地点：滕州汉画像石馆 馆藏号：A0180

画面简述：画面四层，第四层刻有武士练拳图像。

三、举重练力与角抵

1.蹶张、举虎画像石拓本

原石尺寸：纵 123 厘米 横 32 厘米 时代：东汉

出土地点：沂南县北寨村

收藏地点：滕州汉画像石馆 馆藏号：A0180

画面简述：上段蹶张，中段刻羽人双手举虎画面。

2. 拔树、举兽画像石拓本

原石尺寸：纵 129 厘米 横 169 厘米　　　　时代：东汉

出土地点：嘉祥县武宅山村　　　　　　　　收藏地点：武氏祠原地保存

画面简述：自上而下分为四层；第四层刻数名力士背虎、负牛、举猪、拔树等画面。

3. 角抵画像石拓本

原石尺寸：纵 45 厘米 横 206 厘米　　　　时代：东汉

出土地点：枣庄市薛城区南常乡大吕巷村　　收藏地点：枣庄市博物馆

画面简述：画面为角抵场面，自左而右刻二人徒手相搏，二柱旁三人观看，二执弓者对舞，一人赤手另一人伏地，最右端两人执弓相搏。

4. 角抵图帛画

时代：西汉

出土地点：临沂金雀山　　　　　　　　收藏地点：银雀山汉墓竹简博物馆

画面简述："角抵"的表演，左侧一人负手而立，右侧两人准备相搏。

5.举重物力士石雕

时代：元代

出土地点：长清区灵岩寺墓塔林　　　　收藏地点：原地保存

画面简述：雕刻承重的力士，面部扭曲，瞪圆双眼，眼珠似要进出，四肢与腰背弯曲，全身的肌肉突起，给人以力量的感受及拼命托扶的艰难。

四、技巧、百戏与杂技

1.建鼓、百戏、倒立画像石

原石尺寸：纵 63 厘米 横 59 厘米　　　　时代：东汉早期

出土地点：嘉祥县宋庄　　　　收藏地点：山东省石刻艺术博物馆

画面简述：画面三层；上层，五乐手奏乐；中层，建鼓乐舞、倒立。

2. 建鼓、百戏、杂技丸画像石

原石尺寸：纵 53 厘米 横 53 厘米　　　　时代：东汉中期

出土地点：嘉祥县隋家庄关庙　　　　　　收藏地点：山东博物馆

画面简述：画面两层；下层，中竖一建鼓，左右各一人执桴击鼓，左右各一人倒立、跳丸表演。

3. 百戏、执便面人物画像石

原石尺寸：纵 87 厘米 横 124 厘米（中间断裂）　　时代：东汉

出土地点：滕州市龙阳店黄家岭

收藏地点：滕州汉画像石馆 馆藏号：A0101

画面简述：画面分四层；一层百戏；二层执便面人物；三层骑者；四层车马出行。

4. 楼阙、建鼓、百戏画像石

原石尺寸：纵 69 厘米 横 247 厘米　　　　时代：东汉

出土地点：滕州市北辛马王村

收藏地点：滕州汉画像石馆 馆藏号：A0027

画面简述：画面三格；左格建鼓、百戏画面。

5. 阁楼、水榭垂钓、建鼓、百戏画像石

原石尺寸：纵 71 厘米 横 259 厘米　　　　时代：东汉

出土地点：滕州市北辛马王村

收藏地点：滕州汉画像石馆 馆藏号：A0025

画面简述：画面三格；右格建鼓、乐舞画面。

6. 六博、杂技画像石

原石尺寸：纵 55 厘米 横 145 厘米　　　　时代：东汉

出土地点：滕州市龙阳店黄家岭

收藏地点：滕州汉画像石馆 馆藏号：A0183

画面简述：正面画面六层。一层，一人倒立，口衔刃刀，足部蹬刀；二层，二人叠案倒立，左一人手拿刀，脚蹬灯，右一人脚蹬碗；三层，六博；四层，左一人一手抛丸，一手似在飞剑，右一人弄丸、舞盘。

7. 建鼓、百戏、六博画像石

原石尺寸：纵 80 厘米 横 84 厘米（左上角破损）　　　　时代：东汉

出土地点：滕州市山亭桑村西户口

收藏地点：滕州汉画像石馆 馆藏号：A0190

画面简述：画面自上而下分四层；第一层西王母凭几坐，旁有二持便面者、人物；二层六博、人物；三层和四层刻有建鼓、百戏、观者，右侧面为玄武、白虎。

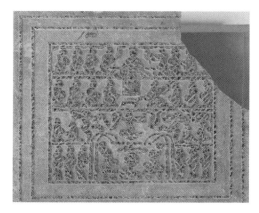

8. 东王公六博、建鼓画像石

原石尺寸：纵 74 厘米 横 76 厘米　　　　时代：东汉

出土地点：山亭桑村西户口

收藏地点：滕州汉画像石馆 馆藏号：A0162

画面简述：画面自上而下分四层，一层东王公端坐，二层六博，四层建鼓、乐舞。

9. 建鼓、百戏画像石

原石尺寸：纵 86 厘米 横 130 厘米　　　　时代：东汉晚期

出土地点：滕州市岗头镇西古村　　　　收藏地点：滕州汉画像石馆

画面简述：中间刻有建鼓，右侧一人跳丸，一人三足樽倒立，左侧二人飞剑等。

10. 百戏、蹴鞠画像石

原石尺寸：纵 97 厘米 横 94 厘米　　　　时代：东汉晚期

出土地点：滕州市龙阳店镇　　　　收藏地点：山东博物馆

画面简述：画面中间刻有建鼓、习剑、跳丸、倒立画面，建鼓两侧为三人头弹鞠等。

12. 神仙世界、乐舞画像石

原石尺寸：纵 73 厘米 横 79 厘米　　　时代：东汉

原石出土：滕州市羊庄镇于村　　　收藏地点：滕州汉画像石馆

画面简述：画面三层；中层，乐舞，一人摇鼗（táo）、一人倒立、一人长袖舞。

13. 百戏、技巧画像石拓本

原石尺寸：纵 50 厘米 横 236 厘米　　时代：东汉晚期

出土地点：沂南北寨村　　　收藏地点：沂南北寨汉画像石墓博物馆

画面简述：飞剑跳丸，倒立、顶撞戴竿，盘舞、建鼓、鱼龙曼延、马戏、戏车、绳技技巧等。

（1）龙马像人

（2）盘舞倒立

（3）戏车高橦倒立

（4）橦技

（5）飞剑跳丸

（6）像人豹戏

（7）鱼龙曼延

（8）绳技技巧

14. 百戏画像石拓本

原石尺寸：纵 69.5 厘米 横 130 厘米　　　　时代：东汉

出土地点：微山县北部两城乡　　　　收藏地点：微山县博物馆

画面简述：画面两层；下层，百戏、技巧，其中一跳丸者一腿翘起，一人反腰着地出其胯下，另有两人相对倒立，双腿相交，较为罕见。

15. 百戏、杂技画像石拓本

原石尺寸：纵 72 厘米 横 141 厘米　　　　时代：东汉

出土地点：微山县北部两城乡　　　　　　收藏地点：微山县博物馆

画面简述：画面两层；下层，百戏、杂技，左右边杂技中，有一人跳丸，一人脚立束腰器上，反躬下腰，两手支于三足樽上。

16. 百戏、杂技画像石拓本

原石尺寸：面纵 81 厘米 横 257 厘米　　　时代：东汉

出土地点：微山湖中的微岛镇沟南村　　　收藏地点：原地保存

画面简述：画面三格；中格，面戏、杂技，左二人击建鼓，右一三角形架，竿顶一人长袖挥舞，横木上二人倒立，斜竿（或索）上四人缘上和倒投下滑，周围有奏乐和观者。

17. 建鼓百戏画像石拓本

原石尺寸：纵 113 厘米 横 292 厘米　　　　时代：东汉

出土地点：邹城市郭里镇黄路屯　　　　收藏地点：邹城市博物馆

画面简述：画面三层；中、下两层，中树建鼓，两侧有武打、跳丸、戏熊。

18. 杂技、技巧画像石拓本

原石尺寸：纵 78 厘米 横 164 厘米　　　　时代：东汉

出土地点：邹县师范学校附近　　　　收藏地点：济宁市博物馆

画面简述：左格两层；上层，杂技、技巧，一卧羊座的建鼓，有击鼓和奏乐者，建鼓长竿顶斜拉两条绳索，八人在绳索上表演，有的抱膝而蹲，有的拉手相戏，有的顺索而躺，有的立索下滑，有的肩载倒立人缘索而上，有的跳丸。

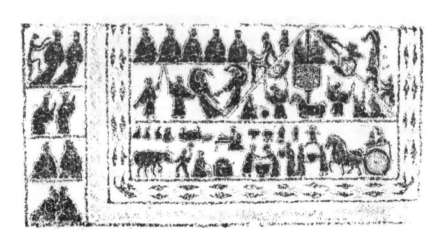

19. 杂技画像石拓本

原石尺寸：纵 53.5 厘米 横 153 厘米　　时代：东汉

出土地点：嘉祥县城关镇五老洼村　　收藏地点：山东博物馆

画面简述：中二人倒立、跳丸。

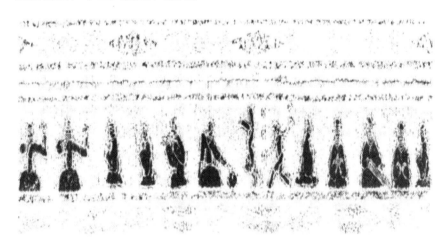

20. 百戏、杂技画像石拓本

原石尺寸：纵 82 厘米 横 183 厘米　　时代：东汉

出土地点：沂水县韩家曲村　　收藏地点：沂水县博物馆

画面简述：画面二层；下层，百戏、倒立、跳丸。

21. 庭院、后仰空翻画像石拓本

原石尺寸：纵 116.5 厘米 横 78.5 厘米　　　时代：东汉中期

出土地点：曲阜东北东凤张旧县村　　　收藏地点：曲阜孔庙

画面简述：画面刻庭院人物，堂前院中有伎人练习后空翻。

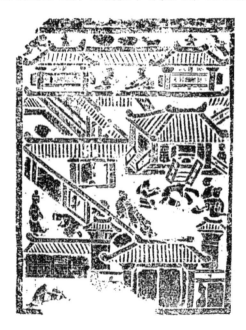

22. 彩绘乐舞杂技陶俑

尺寸：陶盘长 67.5 厘米、座宽 47.5 厘米，最高俑者 22.7 厘米

时代：西汉　　　出土地点：济南北郊无影山　　　收藏地点：济南市博物馆

画面简述：陶俑共 21 人，其中乐工、表演者和观赏者各 7 人，融音乐、杂技、舞蹈、观赏者于一体，是我国最早出土立体地反映汉代百戏演出完整场景的实物。

23. 倒立陶俑

时代：西汉　　　出土地点：济南北郊无影山　　　收藏地点：济南市博物馆

24. 乐舞陶俑

时代：东汉　　　出土地点：临淄区山王村　　　收藏地点：淄博市博物馆

25. 说唱杂耍陶俑

时代：东汉　　　　出土地点：临淄区山王村　　　　收藏地点：淄博市博物馆

26. 击鼓陶俑

时代：东汉　　　　出土地点：临淄区山王村　　　　收藏地点：淄博市博物馆

27. 杂技柔术陶俑

时代：汉代　　　　收藏地点：桓台县博物馆

第三节　球戏类

　　球戏是我国古代盛行的一类活动。蹴鞠的起源，最早可以追溯到十万年前，当时的"鞠"是石球，是狩猎工具。传说蹴鞠始于黄帝，作用是军事训练。最早关于蹴鞠的记载，是在战国时期，《战国策·齐策一》和《史记·苏秦列传》都曾记载齐地盛行蹴鞠，说明最晚在战国时期，蹴鞠就已经出现并流行于齐鲁地区。从宫廷到民间，从军队训练到竞技角逐，从蹴鞠到马球和捶丸，古代球戏以其多样的形式和历史遗存展现在我们面前，成为中华传统体育的重要组成部分。

1. 神怪、蹴鞠画像石拓本

原石尺寸：纵 154 厘米 横 50 厘米　　　　时代：东汉晚期

出土地点：济宁喻屯镇城张村　　　　收藏地点：济宁市博物馆

画面简述：画面四层；第二层为 8 人蹴鞠，其中 4 人手持鞠，中间有椭圆形网，1 人倒立，呈现多人蹴鞠游戏画面。

2. 徐敏行墓持球杖备骑图壁画

尺寸：高 67 厘米 宽 68.5 厘米   时代：隋代

出土地点：嘉祥县英山   收藏地点：山东博物馆

画面简述：墓室四壁壁画的西壁；绘有主人持球杖备马出行画面。

3. 徐敏行墓夫妇宴享行乐观踢毽乐图壁画

尺寸：高 70 厘米 宽 82 厘米   时代：隋代

出土地点：嘉祥县英山   收藏地点：山东博物馆

画面简述：墓室四壁壁画的北壁，是徐敏行夫妇宴享行乐图，前面有一人腰束皮带，带上系一球状物，正以舞蹈姿势做盘足踢毽。

4. 南港沟金代墓童戏图壁画

时代：金代　　　　收藏地点：济南市博物馆

出土地点：济南历城区港沟镇金泰和元年（1201年）古墓1号墓

画面简述：绘有一儿童盘坐，头部留发作"三塔头式"，短衫着裤，手持捶丸棒。

5. 儿童捶丸石刻

时代：宋代　　　　出土地点：泰山岱庙　　　　收藏地点：泰山博物馆

6. 捶丸球

时代：宋代　　　　　　　　收藏地点：泰山博物馆（姜爱国捐献）

7. 骑狮击球石雕

时代：元代

出土地点：长清区灵岩寺墓塔林　　　　　　收藏地点：原地保存。

第四节　御术与马术类

　　驾驭车马技能的御术与马术也是中国古代流行的运动项目之一。西周时期，御术被列为"六艺"的主要内容之一，由战国以迄汉代，由于马车的普遍应用，御术更成为身体运动中的重要形式，考古发现的这一时期的驾车实物，汉代壁画、画像石上面的各类驾车形象，其疾速奔驰的形态，透露出御者的高超技巧，反映了御术的不断发展。只是随着马匹的广泛应用、骑术的进一步推广，御术才逐渐淡出了体育活动的领域。马术，主要包括马戏和赛马两类，在汉代的画像石上，曾留下了当时无名艺术家对惊险绝技的马术表演的生动刻画。

一、御术

1. 车马坑

尺寸：南北长 30.8 米 东西宽 5 米　　　　时代：春秋中期

出土地点：淄博临淄齐陵镇后李遗址　　　　收藏地点：淄博市博物馆

画面简述：马与车东西向排列，马首向西；战车 10 辆，马 32 匹，其中 6 辆车每车 4 马驾挽、4 辆车每车 2 马驾挽，车均为木质。

2. 车马出行、农耕画像石拓本

原石尺寸：纵 89 厘米 横 270 厘米　　　　时代：西汉元帝至平帝时期

出土地点：济宁市喻屯镇城南张村　　　　收藏地点：山东石刻艺术博物馆

画面简述：画面三格；右格车马出行，一辆车，三骑，骑士均持长矛；中格，两辆车，一骑一导卒。

3. 讲经、车马出行画像石

原石尺寸：纵 71 厘米 横 313 厘米　　　　时代：东汉

出土地点：滕州市东沙河镇　　　　收藏地点：滕州汉画像石馆

画面简述：上层讲经、异兽；下层骑者、伍伯、车马右行

4. 开明兽、车马出行画像石

原石尺寸：纵 84 厘米 横 277 厘米　　　　时代：东汉

出土地点：滕州市善南街道东寺院

收藏地点：滕州汉画像石馆 馆藏号：A0072

画面简述：石室墓壁，画面两层。上层，九首人面兽、瑞兽；下层，车马出行，主车居中，前有四导骑，后有两从骑，左端三人迎接，前有一老者执杖而立。四周三边框。

5. 瑞兽欢腾、车骑出行画像石

原石尺寸：纵 85 厘米 横 278 厘米　　　时代：东汉

出土地点：滕州市善南街道东寺院

收藏地点：滕州汉画像石馆 馆藏号：A0050

画面简述：石室墓壁。画面两层。上层，祥禽瑞兽；下层，车马出行，前一导骑，后三辎车，二执戟骑者，随后四辆轩车。四周三边框。

6. 车马出行画像石

原石尺寸：纵 50 厘米 横 248 厘米　　　时代：东汉

出土地点：滕州市善南街道东寺院

收藏地点：滕州汉画像石馆 馆藏号：A0065

画面简述：画面两层，上层，车马出行；下层，鱼九条。

7. 异兽车马出行画像石

原石尺寸：纵 73 厘米 横 72 厘米　　　时代：东汉

出土地点：滕州市龙泉街道新一中

收藏地点：滕州汉画像石馆 馆藏号：A0173

画面简述：画面三层，一层人物跪拜、异兽；二层人物格斗；三层车马出行。

8. 凤鸟扶桑树车马出行画像石

原石尺寸：纵 74 厘米 横 108 厘米 厚 13 厘米　　　时代：东汉

出土地点：枣庄市山亭桑村小王庄

收藏地点：滕州汉画像石馆 馆藏号：A0174

画面简述：祠堂后壁。上层楼阁、凤阙、兵器库、人物拜见，左仙树上羽人饲，右缺；下层车马出行。

9. 西王母、庖厨、车马出行画像石

原石尺寸：纵 84 厘米 横 85 厘米　　　　时代：东汉晚期

出土地点：滕州市荆河街道造纸厂

收藏地点：滕州汉画像石馆 馆藏号：A0179

画面简述：祠堂左壁，画面三层。一层，西王母正中端坐，两侧珍禽异兽；二层，左为庖厨，右有虎、犬等动物；下层，车马出行。

10. 人物、车骑出行画像石拓本

原石尺寸：纵 59 厘米 横 243 厘米　　　时代：东汉

出土地点：济宁市喻屯镇城南张村　　　收藏地点：济宁市博物馆藏

画面简述：画面二层，上层，二十四人捧简列队；下层，人物出行，刻主车一辆，导车两辆，骑吏四人，步卒八人，道旁一人匍匐，一人跪迎。

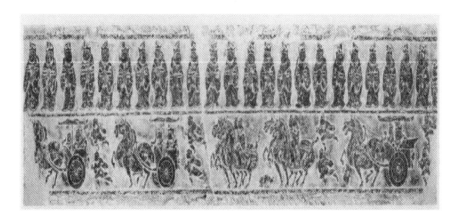

11. 车骑出行画像石拓本

原石尺寸：纵 43 厘米 横 270.5 厘米（中断裂）时代：东汉

出土地点：曲阜市东南息陬镇大峪村　　　收藏地点：济宁市博物馆藏

画面简述：一骑前导，五轺车、五辎车，一从骑，左右二人执彗、捧盾躬迎。

12. 狩猎、车骑出行画像石拓本

原石尺寸：纵 73 厘米 横 68 厘米　　　时代：东汉

出土地点：嘉祥县南部满铜镇宋山村　　　收藏地点：济宁市博物馆

画面简述：画面四层；第四层车骑出行。

13. 水榭、车骑出行画像石拓本

原石尺寸：纵 78 厘米、横 138 厘米（原石已亡失）　　　时代：东汉

出土地点：滕州市东山亭区

收藏地点：济宁市博物馆藏

画面简述：画面两层。上层，左一水榭，众人登临；右一楼双阙，二骑执戟立门下，内外坐多人。下层，车骑出行，左右捧盾、击鼓的迎者。

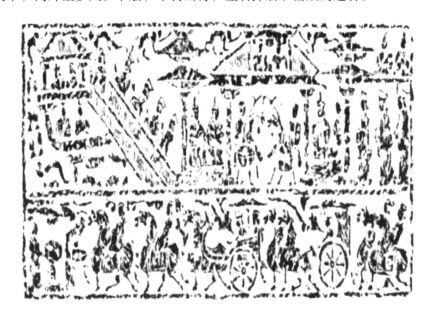

14. 胡汉交战、车骑出行画像石拓本

原石尺寸：纵 77 厘米横 139 厘米　时代：东汉

出土地点：滕州市龙阳店　　　　　　收藏地点：滕州汉画像石馆

画面简述：画面四层。三层，列骑；四层，车骑出行，左一人躬迎。

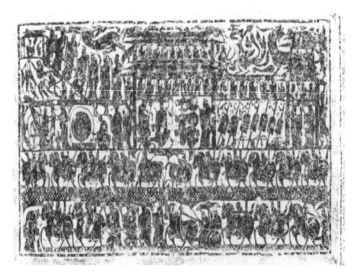

15. 车骑出行画像石拓本

原石尺寸：纵 66 厘米 横 88 厘米　　　时代：东汉

出土地点：滕州市后徐庄　　　　　　收藏地点：滕州汉画像石馆

画面简述：画面三层，上层两边残。上层，狩猎；中层，人物、嘉禾；下层，车骑出行。

16. 车骑出行画像石（拓本）

原石尺寸：纵 48 厘米 横 252.5 厘米　　　　时代：东汉

出土地点：临沂市白庄　　　　　　　　收藏地点：临沂市博物馆

画面简述：画面两层。上层，二人长袖舞，其一翻身倒立；一人双手抡桴击鼓，有吹排箫、吹笙、吹埙、振铎、敲鼓的乐队伴奏；左边主人坐观，右边三人跪拜。下层，车骑出行。

17. 车骑出行画像石拓本

原石尺寸：纵 51 厘米 横 299 厘米（右断残）　　　　时代：东汉

出土地点：临沂市白庄　　　　　　　　收藏地点：临沂市博物馆

画面简述：画面两层，车骑出行躬迎画面。

18. 楼堂、人物、车骑出行画像石拓本

原石尺寸：纵 75 厘米 横 129 厘米　　　　时代：东汉中期

出土地点：滕州市桑村镇大郭村　　　　　　收藏地点：滕州汉画像石馆

画面简述：画面两层；下层车骑出行。

19. 狩猎、车骑出行画像石拓本

原石尺寸：纵 53.5 厘米 横 180 厘米　　　时代：东汉中晚期

出土地点：微山县两城镇　　　　　　　　　收藏地点：曲阜孔庙

画面简述：画面两层，上层狩猎；下层车骑出行，车三辆，步卒六人，骑五匹。

20. 车骑出行画像石拓本

原石尺寸：纵 169 厘米 横 240 厘米　　　时代：东汉晚期

出土地点：安丘市董家庄　　　　　　　　　收藏地点：安丘市博物馆

画面简述：自下而上四层，刻车骑出行画面，第一层刻有送行、第三层刻有

躬迎。

21. 车骑出行画像石拓本

原石尺寸：纵 50 厘米 横 192 厘米　　　　　时代：东汉晚期

出土地点：沂南北寨村

收藏地点：沂南北寨汉画像石墓博物馆

画面简述：刻四辆车出行画面，第三辆为主车，有骑兵护卫。

22. 官吏出行图壁画

时代：汉代

出土地点：梁山县后银山汉墓　　　　　收藏地点：山东博物馆

23. 车马兵阵陶俑

时代：汉代

出土地点：淄博市临淄区山王村　　　　　收藏地点：淄博市博物馆

24. 车马陶俑

时代：汉代

出土地点：淄博市临淄区山王村　　　　　收藏地点：淄博市博物馆

二、马术

1. 双骑纹瓦当石刻

时代：战国时期

出土地点：淄博临淄齐国故城　　　　　　　收藏地点：淄博市博物馆

2. 骑者、祥龙画像石

原石尺寸：纵 41 厘米 横 238 厘米　　　　时代：东汉

出土地点：滕州市龙阳店

收藏地点：滕州汉画像石馆 馆藏号：A0118

画面简述：右为十一条祥龙，左为二骑者。

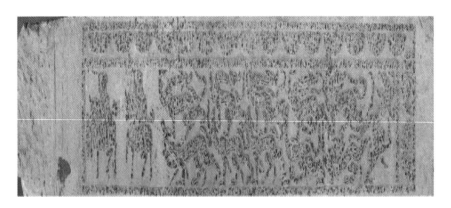

3.骑兵、乐舞画像石拓本

原石尺寸：纵 50 厘米 横 178 厘米   时代：东汉

出土地点：东平县宿城乡二村   收藏地点：泰安市博物馆

画面简述：画面分上下两层；下层为持械骑兵。

4.骑兵画像石拓片

原石尺寸：纵 58 厘米 横 126 厘米（中断裂，右边残）   时代：东汉

出土地点：微山县北部两城镇附近

收藏地点：原石保存于微山县博物馆

画面简述：画面两层，上层，七骑，均带盾，配弓箭；下层，九骑前导，后一驷马安车。

5.骑兵、胡汉交战画像石拓本

原石尺寸：纵 82 厘米 横 279 厘米　　　　时代：东汉晚期

出土地点：邹城市郭里乡高里村　　　　收藏地点：邹城孟庙

画面简述：画面左为山脉，有埋伏胡兵，双方骑兵对战。

6.乐舞百戏、马戏画像石拓本

原石尺寸：纵 50 厘米 横 236 厘米　　　　时代：东汉晚期

出土地点：沂南北寨村

收藏地点：沂南北寨汉画像石墓博物馆

画面简述：马戏、马术画面。

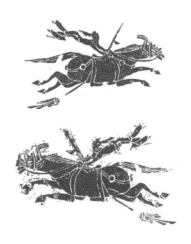

7. 女骑马俑石雕

尺寸：左高 35.2 厘米 右高 32.2 厘米 　　时代：唐代

出土地点：济南 　　　　　　　　　　　　收藏地点：山东博物馆

8. 牵马木俑

尺寸：牵马俑高 29 厘米 马高 32 厘米 长 31 厘米　　时代：明代

出土地点：邹城市明鲁王朱檀墓　　　　　　　　　　收藏地点：山东博物馆

第五节　棋牌博弈类

以思维和智慧为特征的棋牌博弈娱乐活动，在我国有着古老的历史，《战国策·齐策一》中记载策士苏秦游说齐宣王的话说："临淄之中七万户……临淄甚富而实，其民无不吹竽、鼓瑟、击筑、弹琴、斗鸡、走犬、六博、踏鞠者"。1971 年邹县鲁王墓出土的围棋是了解齐鲁地区古代围棋的很好资料，此外，画像石、壁画等刻画的六博画面也再现了齐鲁古代先人们的闲暇娱乐生活。

一、六博

1. 六博玉棋子

时代：战国　　　出土地点：曲阜市鲁国故城　　收藏地点：山东博物馆

2. 白石和青玉质方筹

时代：战国中期

出土地点：曲阜鲁国故城战国中期墓（M3） 收藏地点：曲阜孔庙

3. 白石和青玉质方筹、筷形牙筹和银筹

时代：战国中期

出土地点：曲阜鲁国故城战国中期墓（M3） 收藏地点：曲阜孔庙

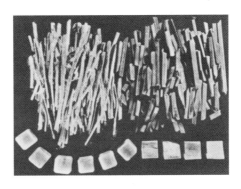

4. 铜骰子

尺寸：径 4.9 厘米 时代：西汉

出土地点：淄博临淄大武乡窝托村齐王墓 收藏地点：淄博市博物馆

简述：圆形、空心，内有小铜块，十八个面，分别用银错出"一"至"十六"和"骄""妻畏"两字，每个面之间为三叉开镂孔。

5.楼阁、六博、垂钓画像石

原石尺寸：纵 67 厘米 横 259 厘米　　　时代：东汉

出土地点：滕州市官桥镇善庄

收藏地点：滕州汉画像石馆 馆藏号：A0023

画面简述：画面三格；中格楼阁，二层两人六博。

6.祥瑞、六博画像石

原石尺寸：纵 94 厘米 横 295 厘米（中间断裂）　　时代：东汉

出土地点：滕州市官桥镇车站村

收藏地点：滕州汉画像石馆 馆藏号：A0049

画面简述：画面分四格；左格双层楼房，内二人六博。

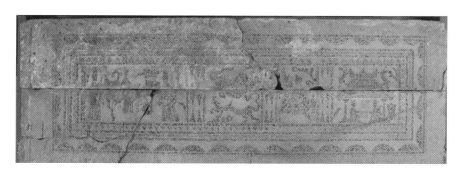

7.六博、建鼓、长袖舞画像石

原石尺寸：纵80厘米 横84厘米（左上角残缺）　时代：东汉

出土地点：滕州市山亭桑村西户口

收藏地点：滕州汉画像石馆 馆藏号：A0190

画面简述：画面三层；二层六博、人物。

8.楼阁、六博画像石

原石尺寸：纵83厘米 横178厘米　　　　时代：东汉

出土地点：滕州市荆河街道造纸厂

收藏地点：滕州汉画像石馆 馆藏号：A0178

画面简述：祠堂后壁，画面两层；上层，右端一楼双阙，楼下二人六博游戏。

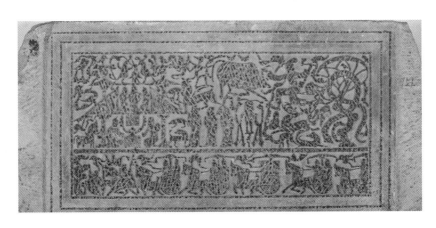

9. 东王公六博 建鼓画像石

原石尺寸：纵 74 厘米 横 76 厘米　　　　　时代：东汉

出土地点：滕州市山亭桑村西户口

收藏地点：滕州汉画像石馆 馆藏号：A0162

画面简述：画面三层；二层六博、人物

10. 水榭、人物、六博画像石拓本

原石尺寸：纵 70 厘米 横 65 厘米　　　　　时代：东汉

出土地点：微山县北部两城镇附近　　　　收藏地点：微山县博物馆

画面简述：画面两层；下层右侧六博画面。

11.六博、乐舞、车骑出行画像石拓本

原石尺寸：纵 82 厘米 横 83 厘米　　　　　时代：东汉

出土地点：滕州市桑村镇西户口　　　　　收藏地点：山东博物馆

画面简述：画面八层；六层右侧六博画面。

12.六博、狩猎画像石拓本

原石尺寸：纵 138.5 厘米 横 52 厘米　　　　时代：东汉

出土地点：嘉祥县齐山　　　　　收藏地点：武氏祠文物保管所

画面简述：画面三层；第二层二人六博，右一侍者奉食。

13. 六博游戏、乐舞画像石拓本

原石尺寸：纵 74 厘米 横 74 厘米　　　　时代：东汉中期

出土地点：滕州市桑村镇大郭村　　　　收藏地点：滕州汉画像石馆

画面简述：画面三层；中层，六博游戏。

14. 六博、狩猎画像石拓本

原石尺寸：纵 70 厘米 横 65 厘米　　　　时代：东汉中晚期

出土地点：微山县北部两城镇附近　　　　收藏地点：微山县博物馆

画面简述：画面三层；第二层，六博人物。

15. 东王公、六博、人物画像石

原石尺寸：纵 103 厘米 横 95 厘米　　　时代：东汉晚期

出土地点：滕州市山亭西户口

收藏地点：滕州汉画像石馆　馆藏号：A0148

画面简述：祠堂左壁，两面有画像，正面画面六层；三层，六博、人物。

16. 六博茕（陶骰子）拓本

时代：汉代　　　出土地点：不详　　　收藏地点：山东博物馆藏

17. 石质六博盘

时代：东汉　　　征集地：滕州市　　　收藏地点：滕州汉画像石馆

二、围棋

1. 石围棋子

数量：计 272 枚　　　　　　　时代：西晋

出土地点：邹城市西晋刘宝墓　　收藏地点：邹城市博物馆

简述：由黑白二色石磨制而成，扁圆状，光滑莹润，与现代棋子近似。

2.围棋棋盘棋子

数量、尺寸：棋子黑色 175 枚，白色 181 枚，直径 1.6—2.3 厘米；棋盘边长 41.7 厘米；漆盒高 10 厘米、腹径 11.8 厘米、盖径 9 厘米、底径 8.5 厘米。

时代：明代　　　　出土地点：邹城市明鲁王朱檀墓

收藏地点：山东博物馆

3.沉香木雕对弈笔筒

尺寸：笔筒宽 8 厘米　　　　时代：清代

出土地点：不详　　　　　　收藏地点：淄博德隆博物馆藏

简述：雕刻有两人棋盘对弈

第六节 民俗休闲娱乐类

齐鲁地区古代民俗娱乐活动盛行，留存了大量的历史遗迹，如杂技、乐舞百戏、投壶、垂钓、跳绳、斗兽、斗鸡、龙舟竞渡、风筝等活动画面，这些活动形式多数流传了下来，并有广泛的群众基础。

一、垂钓

1.垂钓、楼阁、乐舞画像石拓本

原石尺寸：纵 72 厘米 横 258.5 厘米　　　时代：西汉哀帝至平帝时期

出土地点：滕州市郊区马王村　　　　　　收藏地点：滕州汉画像石馆

画面简述：画面三格；左格，水上一榭，榭上有人垂钓。

2.水榭垂钓、楼阁、六博、乐舞蹈画像石

原石尺寸：纵 67 厘米 横 259 厘米　　　时代：东汉

出土地点：滕州市官桥镇善庄

收藏地点：滕州汉画像石馆 馆藏号：A0023

画面简述：画面三格；右格水榭垂钓。

2.水榭、垂钓、庖厨画像石

原石尺寸：纵89厘米 横153厘米   时代：东汉

出土地点：滕州市滨湖镇西古村

收藏地点：滕州汉画像石馆 馆藏号：A0186

画面简述：祠堂后壁，画面两层。下层，水榭上垂钓者连钓三鱼，楼梯及檐上有猴四只，二人登梯，水榭之下为捕鱼场景。

4.鱼群、垂钓画像石拓本

原石尺寸：纵47厘米 横267厘米   时代：东汉中晚期

出土地点：邹县西南郭里镇黄路屯   收藏地点：邹城市博物馆

画面简述：刻鱼群、鳖等，左边一人垂钓，三鱼争食鱼饵。

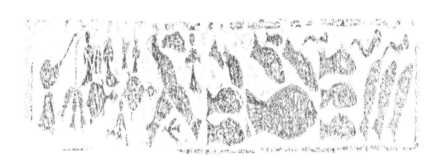

5.水榭、垂钓画像石

原石尺寸：纵92厘米 横86厘米   时代：东汉晚期

出土地点：滕州市山亭区驳山头   收藏地点：滕州汉画像石馆藏

画面简述：画面刻一水榭，水榭之上及其斗拱各坐一垂钓。

二、斗兽、斗鸡

1.龙、斗虎、水鸟画像石拓本

原石尺寸：纵 66.5 厘米 横 261 厘米　　　时代：西汉哀帝至平帝时期

出土地点：邹城市北宿镇南落陵村　　　收藏地点：邹城孟庙

画面简述：画面分三格；左格二龙，中格虎欲吃牛，一人持长矛刺虎，右格水鸟衔一鱼。

2.斗虎画像石

原石尺寸：纵 37 厘米 横 137 厘米　　　时代：东汉

出土地点：滕州市官桥镇西公桥

收藏地点：滕州汉画像石馆 馆藏号：A0114

画面简述：画面刻画人与虎斗，一人举斧击虎，虎后一人一手抓虎腿，一手拿刀刺虎。

3. 百兽率舞画像石

原石尺寸：纵 127 厘米 横 188 厘米　　　时代：东汉

出土地点：滕州市姜屯镇庄里西村

收藏地点：滕州汉画像石馆 馆藏号：A0145

画面简述：画面三层；中间为百兽率舞。

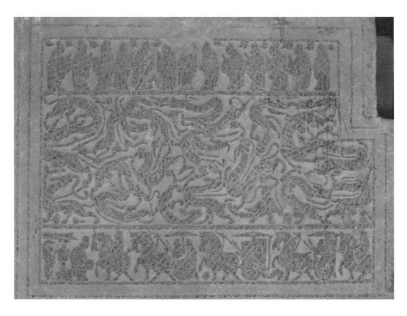

4. 狩猎、斗牛画像石（拓本）

原石尺寸：纵 70 厘米 横 226 厘米　　　时代：东汉中期

出土地点：邹城市郭里乡黄路屯村　　　收藏地点：邹城孟庙

画面简述：画面两层，上层狩猎；下层，两公牛抵斗，两边各一人执矛观望。

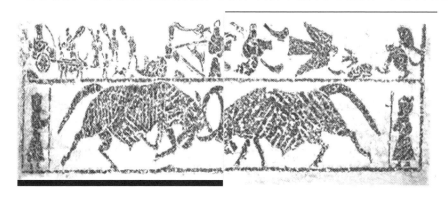

5. 斗鸡、车马画像石

原石尺寸：纵 65 厘米 横 185 厘米　　　时代：东汉

出土地点：滕州市滨湖镇西古村

收藏地点：滕州汉画像石馆 馆藏号：A0185

画面简述：祠堂侧壁；中部二鸡相斗，一人驱使。

6. 斗鸡图壁画

尺寸：画面宽 96 厘米 高 128 厘米　　　时代：汉代

出土地点：东平县后屯徐敏行汉墓 M1　　　收藏地点：山东博物馆

画面简述：北壁壁画；下层绘有斗鸡画面。

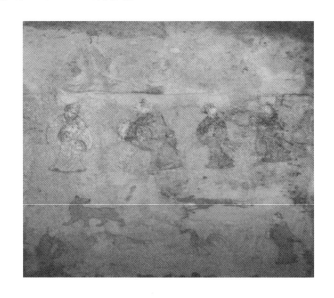

三、水上运动

1. 水榭垂钓、划船画像石

原石尺寸：纵 71 厘米 横 259 厘米　　　　时代：东汉

出土地点：滕州市北辛马王

收藏地点：滕州汉画像石馆 馆藏号：A0025

画面简述：画面三格；右格水榭垂钓，下有一人划船。

2. 西王母、伏羲女娲、水上行舟画像石

原石尺寸：纵 75 厘米 横 75 厘米　　　　时代：东汉

出土地点：滕州市姜屯镇庄里西村

收藏地点：滕州汉画像石馆 馆藏号：A0149

画面简述：自上而下画面四层；第四层水上行舟，水中有鱼。

3. 东王公、六博、人物画像石

原石尺寸：纵 103 厘米 横 95 厘米　　　时代：东汉晚期

出土地点：滕州市山亭西户口

收藏地点：滕州汉画像石馆 馆藏号：A0148

画面简述：祠堂左壁，两面有画像，正面自上而下画面六层，第六层，水上行船，船下有鱼。

4. 端阳节闹龙舟年画

年代：清代　　　　征集地：潍坊　　　　收藏地点：潍坊年画研究所

四、跳绳

1. 跳绳画像石

时代：汉代　　　出土地点：嘉祥县武氏祠汉墓

收藏地点：中国体育博物馆

五、风筝

1. 蝴蝶风筝

尺寸：高70厘米 宽70厘米　　　时代：清代

收藏地点：潍坊市风筝博物馆藏

2. 花篮风筝

尺寸：高 120 厘米 宽 90 厘米　　　时代：清代

收藏地点：潍坊市风筝博物馆

3. 寿星童子风筝

尺寸：高 140 厘米 宽 80 厘米　　　时代：清代

收藏地点：潍坊风筝博物馆

4. 孙悟空风筝

尺寸：高 70 厘米 宽 70 厘米 　　　时代：清代

收藏地点：潍坊风筝博物馆

5. 童子风筝

尺寸：高 70 厘米 宽 70 厘米 　　　时代：清代

收藏地点：潍坊风筝博物馆

6. 仕女风筝

尺寸：高 80 厘米 宽 70 厘米 　　　时代：清代

收藏地点：潍坊市风筝博物馆

第八章 / 齐鲁古代体育文物的
特点、价值与作用

　　诞生于华夏大地的齐鲁古代体育，有着源远流长、内容丰富的运动形式。受中华传统文化以及思维模式的影响，齐鲁古代体育在发展与演进过程中亦带上了德、艺相兼的东方传统文化烙印，而"以人为本"的体育精神以及具有东方智慧的体育文化特质，使齐鲁古代体育成为中华古代体育产生发展的重要源泉，成为中华体育文化的典型代表，并在历史进程中对中华体育精神的凝练产生了深远的影响。齐鲁古代体育文物包括与人类体育活动有关的文物遗迹和文化遗物，存在于石刻、壁画、陶器等文物中，反映了齐鲁境内体育文化发生、发展和演变等多方面的情况，是研究齐鲁古代体育的重要实物资料，能充分彰显齐鲁古代体育文化的魅力，使我们能更好地对中华体育精神进行寻根溯源。

🏵 第一节　齐鲁古代体育文物特点

　　齐鲁文化是中华民族传统文化中的瑰宝，其文化精髓体现在自强不息的刚健精神、崇尚气节的爱国精神、经世致用的救世精神、人定胜天的能动精神、民贵君轻的民本精神、厚德仁民的人道精神、大公无私的群体精神、勤谨睿智的创造精神八个方面，对我国古代体育的产生有着重要的影响。齐鲁地区大量的文物遗迹、文化遗物与古文献中关于古代体育活动的记载，受时代和环境的影响，不同

历史时期的政治制度、经济生活、教育、军事、科学技术乃至文学艺术都与之有着密切的联系，它们在文化层面上也是同步发展的。体育文物的基本特征一是必须是由人类创造的，或者是与人类体育活动有关的；二是必须是已经成为历史的过去，不可能再重新创造的。齐鲁古代体育文物在具备体育文物的基本特征的同时，也彰显着自己的特质与魅力。

一、呈现多姿多彩的特点

谈及体育，在多数人心目中展现的往往是体育健儿们在赛场上奋勇争先的场面，但这仅仅是现代媒体向人们灌输的概念，实际上，在齐鲁古人的文明生活场景中，同样有着类同现代体育功能的身体运动形式，这些丰富多样的身体活动形式以体育文物为寄托，待后人还原其原貌，揭示其多姿多彩的特质与魅力。

（一）彰显德、艺相兼的体育特质

从词汇学的角度来讲，中国古代并没有词义同今的"体育"一词，但是在中国古人的身体运动中，蕴含体育之意的实践活动却"古已有之"，而且在踏入文明门槛的同时，与人类体育功能相关的走、跑、跳跃、投掷、搏斗、射箭、武术与武艺等一类原始体育形态，已经陆续出现在人们的生活之中。伴随着人类社会文化的进步，这类原始体育形态为古代体育的丰富和发展奠定了基础。

齐鲁古代体育在历史的进程中形成了一套独特而完整的身体运动体系，本研究在第二章的研究中将其分为六类，包含了 100 余个小项目，由其发展、演进与最终体系化形成的历程来分析，其始终与人类社会生活中的军事、舞蹈、杂技、教育，甚至宗教等文化形态保持着不可分割的联系，这就使得古代体育在发展与演进过程中，既受到所在区域即齐鲁文化的浸润，也同时为不同的体育运动形式打上了德、艺相兼的东方传统文化烙印，如大量汉画像石体育文物中刻画的武术、武艺及乐舞蹈百戏和杂技技巧表演画面。

（二）循规守礼的传统道德规范

德育为先、德礼并重是齐鲁古代体育的一大特点。如商周时期盛行的射礼，就被孔子解释为"君子无所争，必也射乎！揖让而升，下而饮，其争也君子"(《论语·八佾》),将射礼这一重要的集体性体育活动提升为一种外在社会规范,内化为一种行为习惯,使循规守礼的体育形式转化为教化民众的重要手段,并成为融入道德传统的标志。再如以"君子之争"模式框定的传统武术、捶丸等项目,在其竞争过程中也被打上礼仪规范的烙印。其实,如果透过其表面而寻其内涵,这类古代体育中循规守礼的传统道德模式,亦不失为古代体坛上最佳的"维稳"工具,因为它在一定程度上使古代体育实现了持久的等级和谐状态。

二、体现"以人为本"体育精神

齐鲁古代体育文物中记载的画面是一种与人类生活密切相关的文化形态,展示了齐鲁先人们有目的、能动地改造人类社会及人类自身的客观活动,蕴含着竞技、娱乐、科学和教育价值,亦同时积淀出了独具东方人文特点的体育精神。

(一)追求天人合一的境界

发轫于先秦时期的"天人合一"思想,源于《庄子·外篇·山木》的"人与天一也"的理念。这种"天人合一"的理念,在古代体育中都得到了不同程度的体现,如由人类生产生活实践中演化而来的跑、跳、投等早期体育活动,其动机和活动的范围,均显示出对自然的顺应和人类与自然的和谐。再如刻画蹴鞠、捶丸、礼射、武术等项目的体育文物,在表现形式和竞赛规则等方面,均将"天人合一"视为人类通过体育活动而获得健康发展的哲学基础和理论基石。正因为如此,齐鲁古代体育文物所展示的古代体育追求的并不是人与自然的对立与挑战,而是两者的协调与顺遂,并在此基础上追求身体和精神于同一过程中得到颐养,这是以齐鲁古代体育为代表的东方体育文化追求的独特价值准则与理想境界。

(二)自强不息的积极进取精神

齐鲁古代体育文物刻画和图像画面处处体现着"自强不息"的积极进取精神,在这庞大的运动体系中,从射箭、武术,乃至形式多样的民俗娱乐活动,无论是活动特点还是规则要求,均体现着古人一往无前地对自己命运不屈不挠的抗争，这实际上是古人对"生生不息"之天赋禀性追求的展现。从《吕氏春秋·尽数》之"流水不腐，户枢不蠹，动也"的"生命在于运动"理念的提出，到千年之后体育大师颜元"养身莫善于习动"、日动而日强的"日益精壮"（《颜习斋先生言行录》卷下）的主张，均将"自强不息"的积极进取精神融进了古代体育的发展之中。

三、显示东方体育智慧

齐鲁古代体育植根、发端于齐鲁文化的土壤之中，而齐鲁文化所具有的传统思维模式，理所当然地对古代体育产生了深远的影响，齐鲁古代体育文物所彰显出的东方智慧以不同体裁与介质得以遗存保留。

（一）弱化竞争性的人格培养模式

儒家文化中原始朴素的和谐理想、中和融通的宽和精神，决定了古代多数体育形式在竞技中对抗与刺激色彩的弱化。齐文化的务实精神，催生了古代运动活动以外达内、由表及里的身体机能调节方式，通过无形精神的升华，最终达到利于人格培养的目的，这在一定程度上弱化了古代体育求竞求动的生命张力。如体育文物记载的射箭、蹴鞠、六博、角力、垂钓、练力举重等众多运动形式所强调的个人身体锻炼与心理素质、精神升华与自然和谐关系等等，都是传统文化影响下人格培养模式的显现，而这一模式就是在多数体育形式弱化竞争性的前提下形成的。

（二）凸显教育与社会功能的运动形式

具有典型农业文明特征的齐鲁传统伦理教育观念，始终贯穿于古代体育的发展之中。汉魏以来，诸多运动形式的内在个性深受传统学风、士风影响，不同程度地凸显出寓乐于教的特色。如射礼、赛车等活动，西周时期既被纳入"礼、乐、射、御、书、数"六艺的教育体系之中，并形成了一整套体育教育规仪。再如武术活动中所蕴含的宽厚、容忍、人道、谦虚、忠诚等理念，本身就与儒家"中庸"思想相通相融。在明人汇编的辑录中国古代蹴鞠历史与运动规则的《蹴鞠谱》一书中，还专门指出参与蹴鞠活动者"要和气、要信实、要忠诚、要行止、要温良"等等。[①]这类体育运动理念的展现与相关规仪的要求，凸显了古代体育所具有的教育与社会功能的示范意义。

（三）"与众乐乐"的推广效果

齐鲁古代体育文物还有一个很明显的文化特色，即与娱乐表演活动融为一体。如乐舞蹈百戏、杂技和技巧、角抵、斗鸡等民俗游乐项目，其表演性、游戏性、趣味性特色愈来愈明显，且娱乐式竞赛形式也更为多样化，体现出齐鲁古代体育在发展过程中"与众乐乐"的文化特质。

（四）体美合一的艺术展现

齐鲁古代体育所蕴含的身心合一思想，促使其体美合一的特点表现得尤为突出。对于古人来说，其所理解的"体育"既是一种身体之"强体"活动，又不失为一种地地道道的身体的"健美"之举。[②]中国古人所主张的灵与肉、神与形、理性与感性、能动与受动、人为与自然有机地统一于"美"，成了古代体育凸显的重要文化特质。如包含在儒家文化"六艺"教育中的体育形式"射""御"，之所以与"艺"联系在一起，就是古人心目中体育亦即"习艺"理念的体现，反映出体育活动已经"超越"了人自身的生命活动，成为一种"美的追求""美的活动"的文化展现，当然这种"美"是人体通过运动形式而表现出来的，是古代体育运动体美合一的艺术展现。

综上，齐鲁古代体育文物展示了多姿多彩的运动方式、"以人为本"的体育精神，以及具有东方智慧的体育文化特质，成为中国体育文化体系中区域体育文化的典型代表。在中华民族漫长的发展历史上，充满生命活力的齐鲁古代体育，像深深扎根在大地上的古树，尽管岁月给它刻上了一圈又一圈的年轮，仍历尽沧桑而不衰，并发展成为当今中国传统体育的重要组成部分。

[①] 翁士勋.中国古代蹴鞠主要史料辑注与研究 [M].天津：天津社会科学院出版社，2019:9.

[②] 张再林、李靖."即身而道在"——中国古代身体哲学视域中的中华体育精神探析 [J].人文杂志，2014(12):5.

第二节　齐鲁古代体育文物的价值与作用

文物是不可再生的文化资源，是中华民族生生不息发展壮大的实物见证，是传承优秀传统文化的历史根脉。所谓文物的价值，是指文物的用途及其所起的积极作用。[①] 体育文物在体育科学研究中，作为一项重要的实物资料，其价值不仅表现在通过对具体文物的研究，说明与历史上人类体育文化有关的个别方面的个别问题上，更重要的是把微观研究的成果综合起来，在宏观上研究各个历史时期人类体育文化的各个方面，及其相互联系、相互制约的社会关系，从而从不同的侧面探索和揭示人类体育文化发展的客观规律。[②] 齐鲁古代体育文物具备一般文物特性，其价值与作用不言而喻。

一、齐鲁古代体育文物的特性与价值

（一）历史性及其价值

齐鲁古代体育文物是区域内民众在历史进程中创造的物质文化遗存，因此它必然具有历史性，且打上了时代的烙印，体现出明显的时代特征，蕴含着某个时代的社会生活信息，具有历史的阶段性。因此，我们可以通过体育文物从不同的侧面探讨齐鲁民众在某一历史时期的体育活动内容、手段与方式，从中获取体育史学实物资料信息，这就是体育文物所具有的历史价值。如我们通过考证枣庄市薛城区大巷出土的《角抵图》画像石拓本，从中得到了一方徒手将对手掼翻在地的手搏情景，得知手搏由先秦时期军事训练的方式演化为汉代不同阶层观赏的娱乐活动。

（二）艺术性及其价值

齐鲁古代体育文物的艺术性，主要是视其所具的审美、欣赏、愉悦、健身与竞技功能，具有艺术性价值。一般来说，不是所有的体育文物都具有审美性，但

---

① 吴诗池.文物学概论 [M].上海：上海文艺出版社，2008:50.
② 崔乐泉：创建体育考古学学科体系的理论思考 [J].体育科学，1998(04):32.

具有审美性的体育文物一定具备艺术性价值，一是融实用与审美于一体的体育文物，如藏于淄博德隆博物馆的清代雕刻有两人棋盘对弈画面的木质笔筒，多以实用器物居多；二是供观赏而创作的工艺品，如山东博物馆收藏的女骑马俑石雕，多以各种雕刻和陶塑居多；三是专为随葬用的器物，如淄博山王村出土的战国时期的大型车马、兵马车俑、乐舞俑等。

（三）科学性及其价值

科学性是指齐鲁古代体育文物蕴含的知识、科学与技术信息，这些文物从侧面映射了所处时代的生产力水平和科学技术水平，如齐鲁境内的济宁、枣庄、临沂、泰安等地的汉画像石所呈现出的不同雕刻手法、承载的信息、原石保存的质量等，所映射出的不同地域的社会发展水平。另一方面，同一种工具型的文物在不同时代所用的材质的不同也反映了社会科学技术的发展水平，从旧石器时代到新石器时代，再到冶金与金属的出现等等，祖先遗留的这些历史遗迹与遗物试图让我们去探寻他们曾经走过的路、曾经的强身健体娱乐活动。

二、齐鲁古代体育文物的作用

文物的作用是由其价值所决定的，其历史、艺术和科学价值决定了文物的多种作用。因此，齐鲁古代体育文物储存于根植精深的齐鲁文化，其主要作用主要体现在史料、教育、借鉴三方面的作用。

（一）体育史料作用

文物是历史的见证，是古文献和史籍的物证，该研究范畴属于考古学研究，即通过对古代文化遗物和遗迹的调查发掘所得出的资料进行分析、判断，来研究人类社会历史的一门科学，而体育考古就是考古学专题考古的重要表现形式之一。我国第一位体育史学博士崔乐泉早在 1998 年就提出了建立体育考古学学科的设想。从本质上讲，文物具有证史、正史和补史的作用，尤其对于具有直观性的身体活动而言，单纯凭借文献记载很难形成动作表象，而体育文物恰恰弥补了这一缺陷。体育考古就是利用考古学的方法，研究古代体育文化发展规律的一门科学，作为一种系统方法，是从体育史的角度出发，把古代遗留下来的各种与体育有关的遗物和遗迹，作为实物标本进行考古学研究的一门学问，其特点并不仅仅在于鉴定某些体育文物的时代和价值，更重要的是以考古调查、发掘或传世之遗物和遗迹中与体育文化有关的实物为母体，对古代体育文化进行实证性的分析、探讨，以揭示古代体育文化形态各个方面发展的历程和演化规律。因此，通过对齐鲁古代体育文物进行全面的发掘与调查，以物证史、正史、补史，可以更加精准、翔实地还原齐鲁古代体育的历史原貌，凝练其区域特色，挖掘出其体育运动的主要形式及运动技术等，如通过对齐鲁汉画像石中的乐舞百戏、绳索技艺等活动的解读，从中考释汉代体操活动的起因，探索中国古代体操的发展源流的研究，对追溯体操运动的起源与产生可以发挥体育文物的证史、正史、补史三重作用。

（二）体育教育作用

齐鲁区域被誉为礼仪之邦，齐鲁儿女素以善良诚实、讲究礼仪、勤劳勇敢、富有创造性和革命传统而在国内享有赞誉。齐鲁大地上留存的遍地历史遗迹是齐鲁先人们智慧的结晶。据不完全统计，齐鲁所辖 16 个地级市、58 个区、52 个县、26 个县级市建有博物馆、专项博物馆、文化馆、文化遗产传承所等共计 123 处，区域内民众可以直观地感受齐鲁地区悠久的历史和灿烂的文化。首先，作为物质文化实体的体育文物，具有真实性强、说服力强等特点，俗话说"百闻不如一见"，它作为形象直观的实体展现在人们面前，比文字的、书面的教育作用要大得多。其次，齐鲁古代体育文物展现的画面具有较强的说服力和感召力，可以激起人们欲与古人展开体育大比拼的意念，古人能完成的身体练习"我们也能行"。再次，齐鲁古代体育文物作为最好的体育教材具有凝聚力。如，在 2002 年 8 月 11 日，岱庙西城墙修复工程正在施工中。工人们忙着清理城墙南马道遗址，当清理到距地表 1.7 米处时，出现了 6 块一字排开、长短不一的石板，从其所处的位置看，应是作为马道土衬石来用的，但外形却与普通土衬石不符，这批石板的外侧面还雕有凸起的画面。遵循古建筑维修"修旧如旧"原则，工作人员决定不取出石板，保持遗址原状，仅对南侧倾斜严重的两块石板进行拨正。就在拨正的过程中，发现石板朝内侧的一面竟然也刻有画面，并且石板上部并不平整，而是分布着梯状突起，突起部还保留有破损的痕迹。种种迹象表明，这些石板不是城墙马道的原始土衬石，而像是某次工程中借用到此处的构件。既然这批石板与城墙没有太大关系，为更好地保护、研究它们，工作人员决定将石板取出。8 月 23 日，6 块刻有画面的石板全部吊出，经冲洗清理，一帧帧生动形象的画面呈现在人们眼前，其中一帧画面格外引人注目：在高近30厘米的画面中，站立着一名儿童，人物高约23厘米。这名儿童分腿而立，外着束腰长袍，内着肥腿裤，头上发髻分别位于两耳后，其上还扎有软巾，右手持球，左手持棒上举，棒端呈弧状弯曲，棒柄自上而下逐渐变细，球棒整体呈"L"形。再看小儿，表情庄重，两眼紧盯右前方，双唇紧闭，一副全神贯注的模样，活脱脱就是一副打高尔夫球的架势。经过相关专家研究，这幅画面所展示的，当是我国古代流行的一种球类游戏——捶丸。这6块石刻发现时是用作马道的土衬石，但从其两面有画及顶部有破损痕迹的情况判断，此石原本肯定不是土衬石。这组石头双面有画，在建筑中内外两侧应是可以供人欣赏的，专家们认为，它最大的可能就是石栏杆的构件——华板。从华板的形式看，符合宋代的特征，从雕饰题材上看，也是宋代常见的艺术表现形式。巧合的是，在同一地层所堆积的文化层中，也发现了宋代的文物，考虑到捶丸、踢瓶的兴盛年代，专家们认为这组石刻画应在宋代，是目前考古发现的最早的捶丸文物之一，岱庙成为中国古代高尔夫最早发现地之一。

案例分析：

泰山脚下掀起了"捶丸热"，建起了一座"捶丸院"，创始人但华香女士自2013年起，持续带团队来泰安推动古代高尔夫捶丸在泰安的复兴与传承。2020年国庆黄金周期间，当代捶丸院主任单位上海捶丸信息技术有限公司率先在全国发起"2020世界捶丸日"(World Chuiwan Day)暨"纪念《丸经》问世738周年"系列活动，引领"国潮高尔夫"热潮；国庆期间，联合泰安市捶丸院文化传媒有限公司、泰安市泰山教育创新研究院在泰安组织了三场别开生面的捶丸"复活"主题活动。泰山捶丸文化的复兴与传承迸发出勃勃生机。

活动之一： 泰安岱庙"2020我们的节日——捶丸展演"

10月1日上午，一群身着古装的可爱童子们，在岱庙唐槐院开展了捶丸读书会和捶丸童子功赛。七八岁的女童们围石桌而坐，男童们手持捶丸棒，威风帅气地站在一旁，认真地倾听诵读，女童们人手一部捶丸读本，依次朗诵从先秦到唐宋元明清到民国到当代的捶丸起源及演变发展史，包括同时期与捶丸有关的外国历史典故。童子们稚嫩的声音、美丽的汉服、精致的捶丸球棒，沐浴在十月和煦的阳光中，不远处岱庙捶丸童子石刻雕像仿佛听到了孩子们的诵读，穿越时光隧道，带着祖先的希冀，给当今的捶丸童子们点赞。

　　诵读过后，孩子们学习捶丸院十多年的研究成果——捶丸童子功之"一势"和"二势"，即捶丸短杆技法，又稳又准地挥杆和短切球，短短十五分钟后，童子们从零开始，挥杆动作非常有范儿，俨然一副好手。现场游客也驻足观赏，感受古代中华大地上兴起的捶丸运动。看到孩子的出色表现，围观游客赞不绝口，惊叹着祖先留下的捶丸技法如此高绝，更对祖先的开创精神由衷敬佩。

　　此外，捶丸童子们还观看了上海捶丸院原创《捶丸童子南海行》绘本，以及中国第一部捶丸童子沙画电影《修理的学问》，把古代捶丸运动中的育人育德的博大智慧融入到生动有趣的故事中，让童子们的心灵得到开启。古代捶丸运动自成体系，对家风礼仪要求严格，"捶丸之式，先习家风"，捶丸中锤炼鲲鹏之志，勇于承担，为社会培养了大量社会栋梁之材，这对当今有较大的启发意义。

活动之二：泰山上高庄园研学营地——"高尔夫国潮"

"捶丸童子选拔赛——2020 泰山首发"

10 月 1 日下午,捶丸童子们转战"中华泰山传统文化研学基地"（上高庄园）,开展了"高尔夫国潮""捶丸童子选拔赛——2020 泰山首发",现场"捶丸童子"们在上海捶丸院院长但华香女士的带领下, 不仅温习了捶丸童子功的核心要领,而且展开了一轮轮生动激烈的捶丸选拔赛,优胜捶丸团队获得了新颖的捶丸童子文创产品奖品。

捶丸童子赛注重综合素质的培养,不仅比捶丸技术与技巧,还比拼团队精神、家风礼仪,并按权重打分;童子们情不自禁地写下了所学捶丸童子功里的印象深刻的核心汉字,并签下自己的姓名和日期。也许,若干年后,这些特殊的印记,将成为捶丸相关博物馆的一部分。玩捶丸,你就是这个街区最酷的小孩。

泰安市首批捶丸童子赛，拉开了古代高尔夫捶丸运动在其最早发源地加速发展的序幕。"捶丸童子选拔赛——2020泰山首发"的开启，也顺势揭开了国宝级古典体育项目古代高尔夫捶丸运动在当代"复活"——自己造血生存发展的模式"研学营地捶丸"的新篇章。当代捶丸"复活"以捶丸童子IP赛事为切入口，加强捶丸赛事IP的整体打造，为未来复兴古代捶丸运动项目指明了方向。

活动之三：国际友人积极学习泰山捶丸文化及《丸经》

2020国庆黄金周期间，古代捶丸"复活"活动在全国各地整体快速展开，"世界捶丸日暨纪念《丸经》738周年"活动等国庆期间在全国交相开展。除了在捶丸最早发现地山东泰安开展特色捶丸活动外，上海、杭州、苏州、深圳、海南等地，也先后举行了精彩的中外捶丸活动，尤其在跨国捶丸文化交流方面取得了阶段性的成果。一周之内，来自22个国家156名现代高尔夫爱好者在捶丸院及姐妹机构——快乐高尔夫跨国的组织下，在中国大地上开展了精彩的跨国古今捶丸活动，反响热烈，是古代捶丸复苏路上崭新的开端，预示着古代捶丸运动在其发源地——中国泰安崛起。加速复兴传承古代高尔夫捶丸运动，促进了捶丸高尔夫全民健身活动的开展，国宝捶丸"复活"激发了国人的文化自信，在西方人长期统治的现代高尔夫领域，另辟蹊径，找到了"中国方案"。

（案例分析部分活动之一至三引用图片均由泰山捶丸院提供）

三、借鉴作用

任何一个国家和民族的文化艺术创作，只有继承自己的文化艺术传统，创造出具有民族形式的文化艺术，才能被人民群众所接受。在齐鲁丰富的古代体育文物中，有大量的文化艺术创作精品，如若没有各时代遗留的石刻、壁画、雕塑、陶器等古代艺术作品，古代先人们的体育活动影像无从存在，因此，刻画有体育活动图像的艺术作品为今天体育艺术的创作提供了有益的借鉴，为我们保留当今丰富多彩的体育活动画面开拓了思路。齐鲁区域出土的大量汉画像石所记载的形式多样的体育活动图像，时至今日，还令我们由衷地赞叹，从一幅幅"冰冷"的画像，我们感受到了齐鲁汉代先人们的满腔热血和对美好生活的热爱与向往。

综上，当代，随着人类价值观、思维方式、行为方式，以及生活方式的巨大变化，齐鲁古代体育文物的价值与作用不能同日而语，从中所演化的中华传统体育及其人文精神，将会对当代人树立正确的体育观发挥有效的教育、感召与激励作用，以期为中国体育文化的发展与进步作出更大的贡献。

第九章 / 齐鲁古代体育文物保护对策探讨

　　齐鲁古代体育文物蕴藏着深刻的文化内涵，对其进行保护与开发是为了更好地传承，发挥其最大作用和价值。齐鲁古代体育文物不能仅限于以历史留存作为目标，不仅要保护项目本身，还要注重开发利用，建立保护与开发的良性机制，以焕发其新的生命力，激发民众参与保护和开发的使命和责任，使其与时俱进、不断发展。

第一节　齐鲁古代体育文物保护面临的问题分析

　　2013 年 11 月，习近平总书记在曲阜发表重要讲话，发出了弘扬中华优秀传统文化的号召，赋予了山东省重大历史责任和文化使命，山东省作为中华传统文化重要发祥地、儒家文化发源地，立足齐鲁文化资源丰富的优势，做好"挖掘阐释"文章，系统梳理齐鲁文化资源；做好"转化利用"文章，实施一批重点文化项目；做好"传播交流"文章，着力推动中华文化走出去；做好"人才集聚"文章，构筑传统文化人才高地；做好"教育普及"文章，推动优秀传统文化深入人心，讲好中国故事山东省篇。以强烈的责任感使命感，扎实推进文化遗产的研究阐发、教育普及、保护传承、实践养成和传播交流等工作。

一、面临的基本问题分析

（一）体育物质文化遗产与体育非物质文化遗产的关系

在齐鲁古代体育文物保护与开发过程中，有必要先厘清物质文化遗产与非物质文化遗产的关系。世界上没有哪种文化是纯粹的物质文化，更没有纯粹的非物质文化，绝大部分文化都是物质文化与非物质文化的复合体，物质文化与非物质文化是相互依存的关系，没有物质文化，非物质文化就是"皮之不存"，没有非物质文化，物质文化就不可能产生。笔者经多年的研究认为，一件古代体育文物所记载的某个或某类运动项目应该包括三个层面：实物层面、技术层面与历史文化层面。比如射箭类项目，其文化的第一个层面是实物层面，即所用的弓和箭；第二个层面是项目内容与动作层面，即肢体技术动作要领与方法；第三个层面，是历史文化层面，即射箭所承载的历史故事、民间习俗，以及在民间口头流传的传说等。这三个文化层面，物质文化的保护最容易做到，可以保存在博物馆里，存放千秋万代，而技术和历史文化层面相对较难，尤其是历史文化层面，需要从认知上入手来解决。

（二）关于是否建设专项体育博物馆或设体育专题展位的探讨

2017年8月25日，天津市借承办第十三届全国运动会之际，由国家文物局主办、天津市文化广播影视局协办，天津博物馆承办了"动·境——中华古代体育文物展"。此次展览汇集了天津博物馆、首都博物馆、陕西历史博物馆、南京博物院、河南博物院、河北博物院、河北文物研究所、洛阳博物馆、四川博物院、成都博物馆、成都体育学院博物馆、秦始皇帝陵博物院等十余家文博单位的古代体育文物精品230余件组，其中国家一级文物20余件。展览分为"中华体育源远流长——体育起源""君子之争必也射乎——射艺射礼""百马同辔骋足并驰——骑御田猎""内外兼修刚柔并济——武术养生""瑶台蹴鞠舞杖击丸——球场竞技""棋逢对手修养人生——博弈天下"六个场景，彰显了中华传统体育文化的魅力，吸引了不少参赛运动员和相关人士参观，其中的十余家文博单位只有成都体育学院博物馆是唯一的一所体育博物馆。在这个世界上不存在亘古不变的东西，时代在发展，社会在变化，人们的生产方式、生活方式也会随之变化，人们潜意识中对体育文物没有形成一个正确规范的概念，关于是否建设专项体育博物馆或设体育专题展位的探讨是十分有必要的，笔者认为，各地可针对体育文物留存的实际情况进行一次专题排查，然后再决定是否建专馆和开专题展位，但针对齐鲁地区而言，目前建立体育博物馆是十分有必要的。

（三）博物馆产业化发展的探索

有的学者反对将博物馆产业化发展，笔者认为从更有利于体育文物保护与开发角度而言，产业化是必由之路。一是，齐鲁古代体育文物展陈离不开市场化运作，正是社会转型和现代体育的发展影响，传统体育文物沦为被"搁置"的境地；二是，部分体育文物本身属性所限不具备产业化发展的基本要求。这里，我们应该认识到传统社会与现代社会的区别，传统社会属于自给自足的小农经济时代，现代社会属于市场化经济时代，市场化经济时代的特点就是尽可能地把整个社会市场化，这样，一些原本不属于商品的东西走向市场也就不足为怪；再者，像武术与武艺类体育文物可充分开发其项目价值，走市场化发展之路可以有效解决其保护与开发，可以与"全国武术之乡"菏泽的武馆和武校做结合的文章。四是，开发齐鲁古代体育文物，走市场化发展是向外界，尤其是向国际社会展示区域文化多样性的重要途径。通过对齐鲁古代体育文物的开发、宣传与包装运作，将承载着中华民族、齐鲁儿女独特的价值观、审美观及历史记忆的体育文化产品，向全国乃至世界传播，这是我们的责任与使命。

二、面临的现实问题分析

就齐鲁区域文物总体保护情况来看，相关制度措施机制比较健全，重视保护与发掘工作，但专门针对体育文物的制度、措施、机制相对薄弱。

表现在：一是没有设置古代体育文物的专门管理机构和专业工作人员岗位，由现有管理机构统管，不能充分挖掘和发挥体育文物的价值与作用；二是对体育文物考释解读专业化程度偏低，大部分有重要体育考古研究价值的文物被搁置或由于考释的偏差不能发挥其旧有的功能，一些珍贵资料和项目实物被淡化；三是受经济因素和社会现代化进程的影响，对保护齐鲁古代体育文物的价值和意义认识不足，存在厚此薄彼的现象；再者，受奥林匹克运动文化全球化的影响和西方现代体育项目的冲击，许多传统体育文化遗产项目被搁置，一批有传统体育记忆记载的文物得不到发掘，对传统体育文化的认知、认同、参与等亟待提高。

三、面临的困境分析

从齐鲁古代体育文物的调查现状可知，一方面，博物馆和文物研究所等没有将体育文物单独管理与陈列，体育文物的实际价值与意义得不到科学合理的解读与发掘，尤其是年轻一代对齐鲁古代体育文物的认知、关注比较淡漠，这些记载着齐鲁区域先人们社会生活记忆的实物材料与普通的文物陈列在一起，人们观赏到的只是其表面，得不到专业化、规范化的解读，更缺乏系统考释，文物所承载的体育价值得不到正确认知；另一方面，伴随着近些年的高校体育专业体育史学课程的弱化，体育史学科研队伍出现断层等，导致体育史学的考古研究停滞不前，得不到应有的关注和重视。

国运兴，体育兴，盛世中国为体育发展带来良好机遇，而体育文物的保护与挖掘是体育强国建设之根本，更是我们当代体育人义不容辞的责任。因此，齐鲁古代体育文物的保护工作，要抓住机遇，充分剖析面临的问题与困境，摸清"家底"和现状，有针对性开展其保护与发掘工作，更好地向世人展示齐鲁传统体育文化遗产的特色与魅力，使其经久不衰，永世流传。

第二节　齐鲁古代体育文物保护对策探讨

保护文物功在当代、利在千秋。2016 年 04 月 12 日，习近平总书记对文物工作作出重要指示强调：切实加大文物保护力度，推进文物合理适度利用，全面贯彻"保护为主、抢救第一、合理利用、加强管理"的工作方针，努力走出一条符合国情的文物保护利用之路。齐鲁古代体育文物的保护有着深厚的基础，一方面表现为齐鲁文化建设的繁荣发展，另一方面文化强省战略的实施积极助推了文物保护工作的顺利开展。面向新时代,在"健康中国""体育强国"的大好形势下,齐鲁古代体育文物的保护工作迎来了新的机遇与挑战。

一、齐鲁古代体育文物保护的原则分析

保护是指采取措施,确保文化遗产的生命力,包括文化遗产各个方面的确认、立档、研究、保存、保护、宣传、弘扬、传承和振兴[①],文物是文化遗产的重要组成部分,蕴含着中华民族特有的精神价值、思维方式、想象力,体现着中华民族的生命力和创造力。习近平总书记在全国文物工作会议上强调:文物承载灿烂文明,传承历史文化,维系民族精神,是老祖宗留给我们的宝贵遗产,是加强社会主义精神文明建设的深厚滋养。为挖掘和保护好齐鲁古代体育文物,继承和发扬民族优秀传统体育文化,有关齐鲁古代体育文物保护对策的研究,首先应从保护原则问题入手进行探讨。

(一)坚持整体性原则

坚持整体性原则是指在对齐鲁古代体育文物进行保护与发掘时应遵循的最基本原则,每件体育文物都包括实物层面、技术层面与历史文化三个层面,是一个具有时代与留存环境相关联的有机文化整体,在保护与发掘时应全方位、多层次地遵循整体性原则,而不能人为地割断,否则会失去齐鲁古代体育文物的"根"与"魂"[②]。例如,近些年来蹴鞠方面的文物保护与项目传承相结合方面做了很好的尝试,修建了足球博物馆,科学真实地还原蹴鞠项目产生、发展、演变的历史轨迹,在展厅制作宣传片循环播放,创造性地开发蹴鞠"仿古"互动性表演等,保护工作收到良好效益。

(二)坚持原真性原则

坚持原真性原则要遵循所保护的体育文物必须是在齐鲁区域内真实发生和留存的。环境不同,人们的生活方式自然不同,所产生的文化形态及其内涵也应不

---

① 于海广.传统的回归与守护——无形文化遗产研究文集[M].济南:山东省大学出版社,2005:166.

② 陈碧述,等.民族传统齐鲁古代体育文物科学保护原则与途径[J].科技视界,2014(02):38.

同，如果不是本地原生态的，而是被随意移植而来，那么它就脱离了原有的环境，从而只见其形不见其神，也就失去了地域性文物保护的价值和意义。所以，齐鲁古代体育文物保护一定要经过认真论证和鉴定，以确保它的原真性，防止伪"齐鲁古代体育文物"的出现。

（三）坚持可持续性原则

齐鲁古代体育文物的保护与发掘是一项长期的事业和系统的工程，不是一朝一夕就能完成的事情。为此，应当坚持可持续发展的原则，不能把它当作一场临时性的运动。

可持续发展观是 20 世纪人们对自我发展进行反思的一个新发展观。在 1987 年以挪威前首相布伦特兰夫人为主席的"世界环境与发展委员会"公布的报告《我们共同的未来》中，首次比较系统、全面地阐述了可持续发展的战略构想。这种"既满足当代人的需要，又不对后代人满足其需要的能力构成危害"的发展战略，是"以人为本"的发展观。在对齐鲁古代体育文物进行保护的具体实施过程中，坚持可持续发展原则，首先要认真贯彻国务院关于文化遗产保护工作的法律、法规、指导方针，切实坚持"保护为主"，处理好保护与发掘的关系。

保护和发掘是为了齐鲁古代体育文物更好地发挥其"证史、正史、补史"的作用，是一个系统的动态过程，为此，要注意处理好保持"本真性"和追求"创新性"的张力平衡，以使齐鲁古代体育文物的保护工作真正做到可持续的发展。

（四）坚持生态位理论原则

生态位理论[①] 是主要指文化遗产的就地原生态保护和易地扩展生态位保护，近年来引起学者的高度关注，为我们审视齐鲁古代体育文物提供了新的视角和思路，同时也为新时代齐鲁古代体育文物的保护工作提供了新思路。

1. 就地原生态保护。众所周知，保护大熊猫，最有效的保护途径是就地保护其赖以生存的亚高山森林生态系统和竹林资源。同样，保护齐鲁古代体育文物，最有效的保护途径就是就地保护其生存的社区原生态环境，尽可能保护其基础生态位的原真性和完整性。对齐鲁古代体育文物丰富且传统文化生态保持较完整的区域，要有计划地进行动态的整体性保护。如对我国最大、保存最完

① 李振基，陈小麟，郑海雷. 生态学 [M]. 北京：科学出版社，2004:150-170.

整的汉碑、汉画像石群所在地武氏祠的保护，就是在其出土的嘉祥县纸坊镇武翟山村原地保存。

2. **易地扩展生态保护**。与时俱进地在城市中心建立文博馆，为留存于偏远地方的文物古迹拓展新的生态空间，可创新齐鲁古代体育文物保护与开发的途径。这一原则需要做好以下两个方面：首先，借助全民健身运动的推广，因地制宜地将丰富多彩的齐鲁古代体育文物项目纳入其中，设计别开生面的运动场景，吸引人们参与其中，获得运动体验，充分发挥齐鲁古代体育文物的价值与功能；其次，创造性地将齐鲁古代体育文物项目与休闲度假旅游资源相整合，宣传、推广齐鲁古代体育文物，甚至可以走出国门，吸引外国人士，加入体育文物项目的发掘队伍中来，如泰山脚下"捶丸院"的创建与国际交流活动的开展，曲阜师范大学射艺活动的培训、推广与竞赛活动的推广与普及等。

二、齐鲁古代体育文物保护对策探讨

文物，是对民族传统文化的血脉记忆，保护好、传承好、利用好全人类的文化瑰宝，让古老文明绽放时代之光，是中华儿女对历史的传承和对未来的责任。正如习近平总书记指出的，要增强对历史文物的敬畏之心，各地各部门必须树立"保护文物也是政绩"的科学理念，本着对历史负责、对人民负责、对子孙后代负责的精神，正确处理好文物保护和经济社会发展的关系，强化底线思维，始终把保护放在第一位。

（一）摸清"家底"建立专门的体育博物馆

研究中将田野调查、调查访谈、野外调查、展陈调查和搜集田野发掘报告联系起来，更关照对齐鲁体育文物本质的研究，通过实地调查访谈区域内博物馆、考古研究所、文史馆相关专家、管理人员及民间收藏者，广泛获取体育文物的基本信息，进一步进行考证与确认，然后录入电子档案记录，摸清齐鲁区域体育文物的"家底"，把握其真实状况，这是做好保护的前提。另一方面，提高对齐鲁古代体育文物的解读与认识水平，建立专门的体育博物馆是做好保护并充分地加以利用的重要保证。

（二）建立科学规范的制度体系与工作机制

在经济全球化、市场一体化的今天，建立科学规范的齐鲁古代体育文物保护制度体系，提高依法管理工作水平和对知识产权的认识，遏制对齐鲁古代体育文物的忽视和流失。在制度和机制构建上，要充分考虑，不能单纯依靠单一的学科或机构进行，需要政府、社会组织、博物馆、院校、科研所和民众等之间的交叉配合和互动协作，而这就需要共同遵循相应的制度与工作机制，因此，建立科学规范的制度体系和工作机制尤为重要。建议采取"政府主导、社会参与、明确职责、形成合力"的工作思想，对全民进行教育，提高"身体自觉"，唤醒公众对体育文物的认知与保护意识，为齐鲁古代体育文物的保护营造健康、有序、可操作的环境。政府主管部门，积极发挥职能作用，加大资金投入，切实落实好"保护为主，抢救第一，合理利用，加强管理"的工作方针，协调有关部门，加强对体育文物的重视，并与考古调查、展陈展示、研究推广、保护利用等有机结合起来，形成齐鲁古代体育文物保护工作的合力。

（三）加强数字化技术保护的运用与推广

随着信息化技术的不断发展，运用数字化技术以及平台对文物进行保护，并制作文物多媒体影像进行网络传播与展示的方法应运而生，收到良好成效。在未来的文物保护发展过程中，数字化保护技术必须受到重视，否则可能会给文物保护的未来发展产生阻碍。近年来，笔者针对齐鲁非物质文化遗产的数字化保护进行了大量研究，已经完成了数字化信息库建设框架，为齐鲁古代体育文物数字化保护研究积累了经验。本研究积累了大量齐鲁古代体育文物项目文字、图片、视频资料，但是所获文字资料不系统，图片和视频资料质量不高也不完整，忽略了数字化技术的运用，缺乏专业团队的设计与运作，离真正的数字化技术保护差距较大。在调查中发现，国内的诸多学者包括笔者在内，对齐鲁古代体育文物的数字化保护研究仅关注的是留存项目数字资料，而对什么是真正的数字化保护开发技术缺乏真正了解，只是处于一种初级的应用状态。从长远的角度来说，这对于二者未来的发展都是极其不利的。因此，加强对文化遗产数字化技术的保护与开发工作迫在眉睫，笔者建议从资源信息数据库、数字化博物馆、数字叙事、数字游戏与竞技四种数字化保护生存方式来展开设计与研究，如能实现，则困扰齐鲁文化遗产产业化开发、知识产权保护、展演、展陈等方面的问题则会随之迎刃而解。

1. **知识产权**。到目前为止，关于专门的齐鲁古代体育文物保护和管理工作处于空白，知识产权的管理以及归属都是一个非常重要的问题。运用数字化技术对齐鲁古代体育文物项目进行保护与开发记录、整理、拍摄、制作完整的项目信息资料，也可以以微电影、3D动画等新媒体形式呈现，实现所谓的独创改造，就相当于有了著作权，从而解决了齐鲁古代体育文物项目知识产权的保护和归属问题。

2. **产业化**。多年来，齐鲁体育文化遗产的保护工作时刻处于一种被边缘化的状态，数字化技术引入之后，使其融入到文化产业大平台中，有效促进相关部门及工作人员进一步实施产业化的规划和建设，这项工作的前景未来可期。

3. **展陈**。以中国武术博物馆为例，该馆于2007年11月10日在上海体育学院落成，总面积2000平方米，是目前世界上第一家全方位展示武术历史与文化的博物馆。将多媒体与虚拟现实技术应用于齐鲁古代体育文物的数字化保护中，对于永久性地保存和最大限度地为公众公平地享有武术文化遗产具有重要意义。最理想的状态是把数字化融入到博物馆之中，博物馆需要数字化来铺设一条清晰的发展道路，从而指导机构的数字化变革。作为"保存和传播人类及其生存环境见证机构"的博物馆，是文化遗产的专业保护和保存机构，应当"创立跨学科、跨行业的方法，使可移动与不可移动、物质与非物质、自然与文化的遗产融为一体"，即科学运用好数字化技术、为博物馆输入新鲜血液，是齐鲁古代体育文物保护的必由之路。

（四）加强宣传、教育提高民众认知水平

民众是齐鲁古代体育文物的创造者、传承者、承载者，更是齐鲁古代体育文物的保护者。齐鲁古代体育文物的保护与开发应当成为全民的共识、全民的自觉行动。为此，应动员各级部门，充分发挥图书馆、科技馆、博物馆、体育馆等公共文化机构的作用，利用节假日活动、展览、观摩大会、交流大会、培训和研讨等形式，通过大众传媒、互联网等新媒体进行有效宣传，提高民众对体育文物的认知水平，促进社会共享。"保存"和"保护"是齐鲁古代体育文物生存的"关键词"，而与此相适应的"传承与利用"则是齐鲁古代体育文物发展的"关键词"，是焕发齐鲁古代体育文物生命力的法宝。

（五）高科技与产业化运作让文物"活"起来

20 世纪 60 年代末，意大利博洛尼亚市政当局第一次提出"把人和房子一起保护"的口号，在这种"反发展"、整体性保护的全新理念下，意大利的文化遗产保护成效显著。在此启发下，许多专家发出了"原生环境对无形文化遗产的产生和存在至关重要""生态类型对各民族体育文化形成的作用不可低估"的呼吁。齐鲁古代体育文物的形成依存于区域内不同的地域环境，是区域文化的有机组成部分，而原生环境（自然环境和人文环境）对其产生与发展具有重要的作用。在齐鲁古代体育文物保护与发掘中，要善于发现每件文物的区域特点，树立原生态的保护意识，进行动态整体性的保护和开发，将齐鲁古代体育文物还原到原有的文化空间中，形成"原生地""原生态""原真性"的"三原"保护特色。当然，这种保护形成后，后续还要做一系列工作，如微山湖湿地博物馆的规划、设计、建设与运行，该馆由序厅、世界湿地、中国湿地、微山湖湿地、湿地保护、互动厅、水生植物园、3 息剧场、4D 电影院、办公区 10 个部分组成。外形采用仿生构思，仿造湿地红荷，由三片荷叶和一束含苞待放的荷花组成，与周边的湿地环境相协调，集湿地生态、湿地文化、湿地植物和动感影视观赏于一体，集中展示滨湖湿地、国内及国际湿地生态景观，达到身临其境的感觉。该馆打破了一般博物馆简单的图片和文字陈列的展示方式，采取大量的复原景观、声、光、电、信息科技，以及各种先进的互动手法，科技含量在整个亚洲堪称之最，使沉寂了上千年的文物"活"了起来。

（六）科学研究与人才培养相结合为文物保护提供人才与智力保障

齐鲁古代体育文物的保护与利用，需要既有专业理论又有实践经验的专家的指导，更需要通过专门的人才培养机制来提高工作人员管理水平。2005 年 5 月 24 日，中国艺术研究院聘任了 30 位来自全国各地的杰出民间艺人为"民间艺术创作研究员"，这种做法较好地将专业研究者与具体的技能掌握者结合在一起，既有利于传统技艺的保护与学术研究的深入，又有利于培养高素质的文化遗产保护人才。就齐鲁古代体育文物而言，可利用现有资源，在有条件的高校、科研院所，根据地域特点、人才队伍情况等成立齐鲁古代体育文物研究中心，实行"1+1模式"（齐鲁古代体育文物管理者与科研人员结合）。另一方面，对齐鲁古代体育文物进行全面深入研究的同时，培养出一批高素质的专业管理人才，创新齐鲁古代体育文物管理与研究人才培养的途径与模式，为其提供人才与智力保障，是保护工作的关键所在。

体育作为一种无国界、跨民族的文化传播媒介，对于推进民族认同、民族和解、跨文化交流与互动起着举足轻重的作用。齐鲁古代体育文物作为中华传统体育文化遗产的重要组成部分，内涵丰富，形式多样，在中华体育精神凝练过程中发挥了重要的物证史料作用，彰显着齐鲁先人对美好生活的追求与向往，是培育中华民族体育文化认同的宝贵资源，是凝聚中华体育精神的源生动力。因此，保护和利用好齐鲁古代体育文物，积极传承和弘扬齐鲁优秀传统体育文化、是促进"文化强省"建设，助力"健康中国"和"体育强国"的固本之根，可为实现"两个一百年"奋斗目标、实现中华民族伟大复兴的中国梦作出齐鲁体育应有的贡献。

参考文献

［1］吴诗池.文物学概论:［M］.上海：上海文艺出版社，2008.

［2］任海.中国古代体育［M］.北京：商务印书馆.1996.

［3］毕世明.中国古代体育史［M］.北京体育学院出版社，1990.

［4］司马迁.史记［M］.延边：延边人民出版社，2005.

［5］（东汉）班固.汉书［M］.中华书局点校本.北京：中华书局，1962.

［6］崔乐泉.中国古代体育文物图录［M］.北京.中华书局，2000.

［7］林春，郑智刚.体育文物与考古学［M］.兰州：甘肃教育出版社，2016.

［8］赵洪恩，李宝席.中国传统文化通论［M］北京：人民出版社，2003.

［9］车吉心.齐鲁文化大辞典［M］.济南：山东教育出版社，1989.

［10］张红涛.山东体育史［M］.北京.人民体育出版社，2009.

［11］崔乐泉.创建体育考古学学科体系的理论思考［J］.体育科学，1998 (07).

［12］黄洋，周广瑞.中国体育类博物馆发展述略［J］.体育文化导刊，2016 (12).

［13］高勇.齐鲁传统体育文化现代化发展的模式和策略研究［D］.曲阜师范大学，2007.

［14］中国画像石全集编辑委员会编.中国画像石全集（1–3 山东卷）［M］.济南：山东美术出版社，2000.

［15］朱锡禄，编著.嘉祥汉画像石山［M］.济南：山东美术出版社，1992.

［16］马汉国，主编.微山汉画像石选集［M］.北京：文物出版社，2003.

［17］杨宇全.以山东出土的汉画像石为例谈汉画像石上的杂技"绝活"［J］.杂技与魔术，2012(02).

［18］周伟中.棋类游戏 100 种［M］.北京：人民体育出版社，2009.

［19］萧亢达.汉代乐舞百戏艺术研究（修订版）［M］.北京：文物出版社，2010.

［20］陈成军.试谈汉代画像砖、石上的六博图像［J］.文物天地，2000(5).

［21］徐光冀.中国出土壁画全集－山东卷［M］.北京.科学出版社，2012.

后 记

不知不觉间，本书的撰写工作已经接近尾声，颇有不舍之情。《齐鲁古代体育文物调查研究》一书从酝酿、构思、查阅资料，再到写作、修改，用了四年之久，今天终于可以交于出版社了。回想这本书写作的整个过程，感慨良多。本书在创作过程中得到社会各界与学者们的广泛支持，在此表示深深的感激与感谢！

在创作过程中，本人也曾遇到了"瓶颈期"，曾经想过放弃，但是在体育史学各位专家与课题组成员的支持下，研究得以继续开展。刚开始准备书稿写作的时候，头绪杂乱，汉画像的数量十分庞大，齐鲁古代体育文物承载着厚重的历史文化信息，从众多文物中去甄别、文化遗址与古文献中去爬梳，工作量宏大且有难度。研究中借鉴了考古学、文化学、历史学的基本观点，通过阅读相关的典籍，对于书稿的框架有了大体的构思，进而对图文资料与古文献再进行核对，最终采用了文物的综合分类和属性分类的方法，分别进行解读阐释与图录，以期能够全面展示齐鲁古代体育文物承载的历史信息与体育文化。

为了拓宽视野，力求站在体育历史与文化的研究前沿，本人积极参加国内体育文史的学术研讨会，邀请相关专家开展学术沙龙活动，开阔了书稿写作的视野，深刻感悟到了将齐鲁体育文物的考证研究运用到其体育文化研究的价值与意义。由于通过文物中承载的齐鲁古代体育文化的研究不能一蹴而就，需要不断探索与实践，因此，本人由衷地期待全社会共同努力，推动体育考古学研究的不断深化与提升。

由于本人学识有限，尽管自己在研究中做了很大努力，但书稿的撰写中难免存在不足之处，希望得到各位同行及专家的批评指正。

图书在版编目 (CIP) 数据

齐鲁古代体育文物调查研究 / 张红霞著 . —上海：
上海三联书店，2023.6
ISBN 978–7–5426–8108–9

Ⅰ.①齐⋯　Ⅱ.①张⋯　Ⅲ.古代体育 – 文物 – 山东
Ⅳ.① K872.52

中国国家版本馆 CIP 数据核字（2023）第 076410 号

齐鲁古代体育文物调查研究

著　　者 / 张红霞

责任编辑 / 陈马东方月
装帧设计 / 黄雪云
监　　制 / 姚　军
责任校对 / 王凌霄

出版发行 / 上海三联书店
　　　　　(200030) 中国上海市漕溪北路 331 号 A 座 6 楼
邮　　箱 / sdxsanlian@sina.com
邮购电话 / 021 – 22895540
印　　刷 / 上海惠敦印务科技有限公司

版　　次 / 2023 年 6 月第 1 版
印　　次 / 2023 年 6 月第 1 次印刷
开　　本 / 710mmx1000mm　1/16
字　　数 / 210 千字
印　　张 / 12.75
书　　号 / ISBN 978-7-5426-8108-9/K · 718
定　　价 / 78.00 元

敬启读者,如发现本书有印装质量问题,请与印刷厂联系 021 – 63779028